国家出版基金项目
NATIONAL PUBLICATION FOUNDATION

辩证司法观及其应用

BIAN ZHENG SI FA GUAN JI QI YING YONG

江必新 ◎ 著

"十八大与法治国家建设"丛书
SHI BA DA YU FA ZHI GUO JIA JIAN SHE CONG SHU

深入学习宣传贯彻党的十八大精神主题出版重点选题
"十二五"国家重点图书出版规划项目
国家出版基金资助项目

中国法制出版社
CHINA LEGAL PUBLISHING HOUSE

总　序

　　人类很早就意识到法治与国家治乱兴亡之间的规律性关联。秦商鞅说，"以治法者强，以治政者削。"汉王符说，"法令行则国治，法令弛则国乱。"古希腊柏拉图也观察到，现实中的那些统治者能不能服从法律乃是决定城邦兴衰成败的关键问题。数以千计的历史年轮已经充分展现了这样一个规律：法治是迄今为止人类所能找到的治国理政的最好方式。然而，历经时空层层打磨后的"法治"二字，其内涵绝不仅限于字面。作为"规则之治"，法治塑造着人类生活的规范性、制度性和程序性；作为"法之统治"，法治要求法律规则的权威性、统一性和至上性；作为"良法之治"，法治内含了公平正义自由秩序等诸种价值；作为"程序之治"，法治强调程序的合法性、正当性以及程序相较于实体的优先性；作为"理性之治"，法治要求奉法者执中守正、辩证施治、莫走极端。法治所蕴含的从人类日常生活和历史实践中所积累出来的智识、思维、价值、信仰、模式、程序，深远而现实地影响着每一个人的生命和生活，左右着每一个国度以及民族的盛衰和荣辱，揖别人类的过往并祈祷着人类社会的未来。

　　党的十八大是中国法治建设的重要里程碑。以习近平为总书记的新一届中央领导集体，举"法治中国"为纲，张"法治国家、法治政府、法治社会与依法治国、依法执政、依法行政"为目,法治成为治国理政的基本方式,法治思维和法治方式成为新时期领导干部的基本准则,依法办事成为举国上下的第一遵循,科学立法、严格执法、公正司法、全民守法成为推进法治中国建设的宏伟阶梯,维护宪法法律权威、深化行政执法体制改革、确保依法独立公正行使审判权检察权、健全司法权力运行机制、完善人权司法保障制度成为法治改革的五大重心,法治理念、法治精神、法治思维、法治方式、法治文化、法治环境编织起法治中国的立体网络。这份决心和担当所诠释的共同体认是:法治是建设中国特色社会主义的重要内容,是党领导人民治国理政的基本方略,是实现中华民族伟大复兴的重要支撑,是如期建成小康社会的捷径快道。

毫无疑问,一个通过全方位法治化而实现国家治理现代化的中国正在熔炉中锻造。笔者以为,法治中国这一宏大命题比依法治国、依法行政等命题拥有更加丰富的内涵:"法治中国"是人类法治文明成果的"继承版",是法治国家建设的"中国版",是中国法治建设的"升级版"。从依法治国到法治中国,是中国法治建设的一次极为重要的升级,是中国共产党探索治国理政规律的一个极为重要的成果,是中国政治文明进一步提升的一个极为重要的契机。佐证这个结论的是这样一些正在发生的细节性事实:中国正在经历从有法可依向科学立法、民主立法的提升,从强调法律体系和规则体系向强调理念、体制、制度、机制四位一体的提升,从倡行法律面前人人平等到力求权利平等、机会平等、起点平等的提升,从依法管理向依法治理的提升,从简单地强调政府严格执法向强调公正文明执法的提升,从规范执法行为向从行为到程序、从内容到形式、从决策到执行一体规范的提升，从事前授权、事后纠错的控权方式向建立权力运行的监督制约体系的提升，从注重私法权利向不仅注重私法权利而且注重公法上的权利保障的提升，从严格司法向公正司法的提升，从强调执法司法队伍建设向强调所有法治环境和法治条件改善的提升……据此必可期待，未来之治理必定滋养于法治，未来之中国必定享誉于法治的成就，未来之人民必定受益于法治中国建设的红利。

建设法治中国，仍需在规则治理上完成未竟事业，尤需在中国特色上凝心聚力，更要在制度建设上大展宏图；既要在"加快建设"上争速度，又要在"全面推进"上"舒广袖"，还要在有效治理上见成效。这无疑是一项重大而艰巨的时代任务。笔者深感，于法治中国建设方兴未艾之际，亟待进行系统研究和深挖细嚼，以彰显法治中国之精义，描绘法治中国之图谱，拓展法治中国之路径。有鉴于此，笔者搜几十年法学研究之思虑，索数十载政法工作之体验，不揣浅薄，于工作之余，梳理法治国家、法治政府、法治社会之宏旨，阐释良善司法、辩证司法、程序法治之大要，研究法治思维与法治方式之运用，探求法治中国之制度逻辑与构建方式，拢此八本为"十八大与法治国家建设"丛书一套，愿能藉此弘扬法治之精神，略陈法治建设之己见，以陋砖而引真玉，以个人短视而发方家之真言。

还记得儿时的夏夜，每当在屋外稻场纳凉的时候，祖母总是指着遥远的星空，让我辨识一个又一个的星座。从那时起，我就感到宇宙之宏大无穷，而个人之渺小不足道；人类对于真理的认识和接近太过于艰难。而此时，耳边又似响起祖母的教诲："好好学习吧，将来做一个对公家有用的人。"谨以此丛书献给我敬爱的、伟大的祖母——易诗秀老人!

本丛书入选国家新闻出版广电总局"深入学习宣传贯彻党的十八大精神主题出版重点选题"、"'十二五'国家重点图书出版规划项目",并获得国家出版基金支持。邹雅竹、蒋惠等帮助整理了部分文稿;我的博士后、博士生李春燕、刘润发、杨科雄、何君、王红霞、鞠成伟、张宝、刘耀辉、郑雅方、罗英、廖希飞、杨省庭、兰燕卓、郑礼华、刘琼、石毅鹏、蒋清华、曹实、贺译葶、张雨、邵长茂以及最高法院的梁凤云、李纬华、阎巍、周觅同志、北京高院的程琥同志、重庆高院的王彦同志、江苏高院的杨志刚同志、江西财经大学的方颉琳老师帮助整理了部分讲座录音稿,个别章节也有他们的合作参与(程琥、李春燕、王红霞、邵长茂等)。中国法制出版社总编辑刘时山、编辑马颖等同志在项目申报、文字审校和最终出版方面付出了辛勤劳动。没有这些深情支持和热心帮助,就不能有这套书的面世,在此谨致以衷心感谢!

是为序。

江必新

甲午仲夏于地坛寓所

目 录 CONTENTS

中　篇

下　篇

绪　论

我们在一个"相对而言"的世界里生活。庄子说，"以差观之，因其所大而大之，则万物莫不大；因其所小而小之，则万物莫不小。"①说的是，每个事物都比小于它的东西大，又都比大于它的东西小，所以不能简单地说一个事物是大还是小。推而广之，长短、深浅、多寡、好坏等等也一样，都是"相对而言"的。忽视世界的相对性，就存在走极端的危险并将为之付出代价，这样的例子俯拾皆是。20世纪50年代的一天中午，内蒙古大草原上牧民欢欣雀跃，原来是政府下发了一个通知，说狼是危害人类和羊群的动物，是穷凶极恶的敌人，所以鼓励牧民们打狼，由政府提供物资支援，打死多少只以上，可以获得"英雄"的称号，并且发给奖金和锦旗。为什么牧民们很开心呢？原来，蒙古高原上有很多狼，新中国成立前，无人治理牧区，成群结队的狼经常攻击羊群，给牧民造成了重大损失，老百姓苦不堪言。这回政府组织大家向狼开战了，牧民们怎能不高兴？于是牧民们纷纷出动，一场消灭狼的战斗打响了。狼再凶猛，也敌不过猎枪、毒气、陷阱的围攻，不到几年，草原上的狼被打得一干二净，连幼崽都找不到了。牧民们以为从此可以过上太平日子了，谁知，草场一片片荒芜，反倒不如从前了。原来，狼只是饿极了才去攻击人类的羊群，平时它们主要以野兔、野鼠等啮齿类动物为食。狼消失后，这些动物没了天敌，疯狂地繁殖起来，把一片片

---

① 《庄子·秋水》。

草场糟蹋得千疮百孔，羊群没了草料，也就长不起来了。无奈之下，政府只好搞起了"引狼入室"行动，从外地引进了一批狼，散放在草原上。过了几年，奇迹发生了，草场转绿了，羊群转肥了，人们对狼的认识也由此发生了变化。狼虽然是羊的天敌，同时也是羊的"守护神"，草原狼既不能泛滥成灾，也不能被赶尽杀绝。对草原狼认识的前后转变，实质上是人们的认识活动从绝对视角向相对视角的理性回归。这个例子也再次印证，从关系结构中看事物，看到的世界更加客观，获得的认识更加可靠，据此开展的实践活动也会更加稳妥。

世界相对性原理对于司法工作尤为重要。我们知道，司法的本质在于判断，所以在司法工作中，类似于"把狼绝对地看成羊的天敌"的危险也比较容易出现，但更危险的是已经走偏却不自知。譬如对某些案件所作出的判决与社会公知相差甚远，受到舆论强烈的质疑和批评，司法工作者如果不首先检省其身而是一味地认为原因在于老百姓不懂法，跟不上先进理念和时代潮流，那么，真相往往是法官自己走了极端。要避开这个危险，司法工作者应尽快回归"中庸之道"。司法是一门执中守正的艺术，过犹不及，在"过"与"不及"之间称之"中"，不偏不倚谓之"正"。执中守正对司法工作至关重要，可以看做是司法的命脉所在。试想，如果不能执中守正，司法就得不到人们的信任，解决纠纷的基本功能就化为泡影；如果不能执中守正，权利就得不到应有的救济，所谓"司法是公平正义最后一道屏障"就不过是一道幻景；如果不能执中守正，法律就不能在个案中得到具体宣示，法治作为一种规则之治难免成为空中楼阁。

然而，执中守正是不容易的。司法是一个复杂的过程，糅杂着形形色色的要素，交织着各种剪不断理还乱的关系，还不时出现让人左右为难的价值选择，其复杂程度远远大于判别狼和羊的多面关系。与此同时，司法又是一个主观见之于客观的过程，司法工作者的个性素质、性格特征、思想偏好、价值取向等都在一定程度上影响着司法结论的得出，常见的情况是"智者过之，愚者不及"（孔子语），极端的情况则是"法官的一次不愉快的早餐都会影响判决"（鲁维林语）。加之，何为"中"？何为"正"？可能各人有各人的见地。如此一来，"执中守正"的要求似乎又变得虚幻。但是，笔者以为，正因为它有一定的不确定性，才被称为是一门艺术。"中庸者，不偏不倚，无过不及而平常之理。"①"中"、"正"也就是所谓的"平常之理"。只要从关系结构中观察和思考问题而不是一叶障目，只要正确把握问题的相对性并且不沦为相对主义，只要秉持一种发展的眼光而不是刻舟求剑，那么，把握这种"平常之理"，对于司法者来说亦非不能实现。这种全面而理性的司法观，笔者称之为"辩证司法观"。

　　笔者从事司法工作已近三十年，感触较深者，即辩证司法观的重要性和有用性。天下大势，或可谓三十年河东三十年河西。在忽东忽西之间，司法工作者于汹涌澎湃的时代大潮里击楫中流，于适时应物的同时执中守正，于千变万化中而洞烛幽微，于左右夹击之际中道而行，断不可缺少辩证司法观作为指引。本书各个章节虽成文于不同时期，背景各异，并涉及司法理念、司法性质、民事诉讼、刑事诉讼、行政诉讼、国家赔偿、审判监督、执行工作、审判管理等多个领域，但一以贯之的就是用辩证思维处理纷繁复杂的关系。有鉴于此，笔者将之集结成册，与读者分享个中心得。当然，亦因为成文时期和背景不同，涉及领域各异，体系和逻辑难免有失周延，敬请读者不吝赐教、批评指正。

---

①　朱熹：《四书集注·中庸》。

上 篇

第一章　司法属性之反思

若干年前，主流媒体议论司法，比较强调司法的中立性、平等性、专业性、合法性、公正性、被动性、权威性、终局性等属性。后来，主流媒体又特别强调司法的政治性、人民性、民主性、合目的性（为大局服务等）、可接受性（强调尊重社情民意、强调调解结案）、和谐性（强调司法机关之间的配合、强调对受害人的救济等）、合理性等司法理念。有人把这种现象归结为个人因素，有人则将这种现象归结为"三十年河东，三十年河西"。其实，这反映着人们对司法规律的认识的不断试错或证误，也反映着人们对司法规律认知的否定之否定的辩证规律。深刻剖析司法活动的不同面相，揭示看似矛盾的司法属性之间的内在联系，指出"绝对理念"的误区和陷阱，防止在司法过程和司法活动中的片面性或绝对性倾向，对于司法理论研究和工作实践都具有十分重要的意义。

一、中立性与政治性的关系

司法居间裁判的性质必然要求司法具有中立性。司法的中立性是指：司法必须在当事人双方之间保持等距离，使当事人双方真正处于对等地位；司法人员不得歧视任何一方当事人或对任何一方当事人带有偏见；司法裁判不得因为一般性的政治需要而超越或无视法律；司法人员不得因为人情关系或个人的利害得失而丧失公正立场。

但是，司法的中立性不能也不可绝对排斥司法的政治性。如果从广义上来定义政治，笔者认为对政治可以作如下表述：政治是人类社会与经济、文化现象并列的一种社会现象（相对应的有政治文明、物质文明和精神文明），是不同的利益主体为了自身的生存、发展，满足自身的利益和需要，或谋求一定的社会地位，而组织、协调、整合社会力量并进行有效合作的活动、过程、措施及其所形成的所有设施。政治的本质是不同利益群体或社会力量之间为了实现协调和合作而进行的博弈，在阶级社会表现为不同阶级或阶层之间的妥协与斗争，在有政权存在的国家中，则集中表现为各种政治力量围绕统治权所进行的博弈。

司法现象是政治现象的组成部分；司法活动本身属于广义上的政治活动；司法权是政治权力的组成部分；司法本身就是政治的创造物；司法的结构和布局是应政治的需要而构成的；司法是政治过程的一个环节；政治力量决定着司法机构的人员组成；司法承载着重要的政治功能；主流政治意识形态实际影响着司法的运作过程；司法权离不开政治力量的支撑和保障；完全独立于政治的司法事实上是不存在的。因此，司法与政治发生关系是不以人们意志为转移的。

正因为如此，各种政治力量总是采取多种或明或暗的途径对司法发生影响。正式的影响途径和方式如：通过立法为司法权的行使确定规则和程序；通过任免有特定政治意识和政治觉悟的司法审判人员确保政治路线得以贯彻；通过执政党制定司法政策为特定阶段的司法活动提供指引；通过提供资源与保障强化有利于特定政治力量的司法行为；等等。除了正式的影响途径和方式外，尚有大量非正式的途径和方式，例如，通过组织舆论对裁判施加影响（在法院系统人员构成相对稳定的情况下，公共舆论成为影响司法的重要因素）；通过采取各种不正当手段对司法人员施加影响；等等。

司法作为政治的组成部分，亦可对政治产生巨大的影响和作用，例如：通过严格执行法律贯彻来自人民和执政党的政治意志；通过解释性活动扩大政治意志的覆盖范围；通过创制性活动贯彻和执行执政党的执政目的；通过自由裁量权的行使执行公共政策；通过受理和审判政治性案件（将政治问题变成法律问题）解决政治争端（原则上只限于具有违宪审查权的法院）。由此，司法也可以反过来对政治体制、国家政权或特定的政治力量产生极大的影响作用。

但是司法过度的政治化也会产生以下问题：司法裁判会因为政治形势的变化而丧失确定性，从而使裁判有可能失去必要的准绳和尺度；法律会因为司法裁判的摇摆不定而丧失可预见性，从而使法律的权威大打折扣；各种政治力量也会争先恐后地影响司法，使司法陷入难以自拔的政治漩涡。因此，司法的政治性需要司法的中立性加以节制：司法活动既要讲政治，又不能泛政治化；司法审判既要坚持政治原则，又要坚持在法律的范围内解决纠纷；司法人员既要坚定政治立场，又要坚持对法律的信仰和尊崇；司法裁判既要注意政治效果，更要注意法律效果，注意在法律的范围内实现政治效果。

二、平等性与人民性的关系

居中审理和裁决是司法的基本运作方式，也是司法审判的基本属性。这种运作方式和属性决定了司法必须具有平等性，即必须在双方当事人之间保持等距离，不得偏袒也不得歧视任何一方当事人。因为只有如此，才能最大可能地恢复事实真相，才能确保法律的公平适用，才能确保裁判的公正，才能使当事人最大限度地接受并自觉履行判决。

但是，仅仅重视司法的平等性尚不足以达成良善司法，也不能确保在所有案件中均能实现公平正义。这是因为，在相当多的情形下，当事人双方由于地位、财产、知识、能力、背景等方面的差异，在诉讼中并不绝对处于平等状态，如弱势群体和普通群众在诉讼中往往处于不利地位；司法活动决不是孤立的法律活动，相当多的案件牵涉国家的大局，涉及公共利益，涉及人民群众的根本利益和长远利益，因此，对司法的人民性需要加以重视。

人民性是我国司法的根本属性。人民性的基本内涵是指司法权源于人民、服务人民、受人民监督。人民性的基本要求是坚持以人为本、忠实人民意志、维护人民权益、增进群众感情、救助弱势群体、方便人民群众。以坚定的立场执行民意，以最大的努力救济民权，以力所能及的服务实现民利，以尽可能的低成本减轻民负。

坚持司法的人民性的旨意在于：严禁以权谋私、杜绝侵害民权、克服官僚主义、纠正衙门作风；要确保普通群众在诉讼中与对方当事人处于真正平等的地位，禁止歧视和欺压普通群众。

但是，人民性并不意味着对普通百姓可以偏袒曲护，也不意味着司法一切以民意为转移，更不意味着以群众的意愿为裁判标准。人民性不能排斥平等性。平等是恢复客观真实的根本保障，是正当程序的基本要求，是程序公正的必要前提。没有平等性就难以实现真正的人民性，坚持人民性才能实现实质上的平等性。

三、独立性与司法的应受监督性的关系

两方发生争议总希望找一个主持公道、平等待人、敢于担当、勇于负责、说话算数的第三者进行裁决。如果一个人在这个纠纷中有自己的利益，或者是争议对方的亲戚朋友，或者与对方有着其他亲密关系，谁还放心把公正裁决的期望寄托给他呢？如果一个人见有钱有势的人点头哈腰卑躬屈膝、见平民百姓趾高气扬飞扬跋扈，谁还相信他的裁决是符合事实和正义的呢？如果一个人遇事不能做主，凡事都要请示，作裁决不看法条看脸色、不悟法意猜眼神，然后揽功诿过、八面讨好，谁还心甘情愿花钱费时找他浪费精力呢？这正是人们要求司法机关应当独立或中立行使司法权的人性基础，是国际社会极为看重司法独立性价值的浅显道理，也是联合国宪章、WTO 规约、各国宪法（也包括我国但内涵有所区别）大书特书司法独立性的缘由所在。

但是，仅仅具有独立性难以保障司法的公正性；司法的独立性只是实现司法公正的必要条件或重要条件，但不是实现司法公正的充分条件或全部条件。独立性对于具有优良的司法职业道德素质和卓越的司法业务素质的人来说，无疑是当事人之幸、人民和国家之幸，但如果遭遇欠

缺司法良知、业务素质极差的人，则无疑会使当事人的处境雪上加霜，使司法公正离人们愈来愈远。

经验告诉我们，为了防止具有独立性质的司法权的滥用而取消或抛弃司法的独立性的规约是不明智的，正如我们不能因为领导机关可能犯错误就一律取消对领导权的服从、立法机关可能产生不良之法就取消法律的权威性一样。因为取消司法的独立性的规约，不仅意味着司法者可以毫无顾忌地偏袒或歧视一方当事人，而且意味着任何组织和个人都可以肆无忌惮地干涉司法过程和司法裁判，进而也就意味着将会有无数个可能的恶意和私意（尽管也可能有若干善意）来左右司法裁判。此种情形所带来的恶，比单个人所带来的恶将会更多更大，而且将更加难于控制。为了防止强调司法的独立性所带来的消极后果，一条利多弊少的可供选择的路径是：一方面强化司法人员的道德素质和业务素质，另一方面精心谋划对司法权的理性监督。这正是司法应受监督的必要性与正当性。

同样，监督者亦是具体的人，不是天使，也具有凡人的弱点。我们既不能假定所有监督者均具有至高无上的道德情操，也不能假定所有的监督者具有无与伦比的业务素质。这一点，当然不能成为被监督者拒绝监督的理由，但它提醒我们注意：既然在严格的司法程序下，独立的司法人员尚且可以滥用职权，在没有严格规则和程序的规约下，我们对监督者的信心从何产生呢？人们有什么理由更相信监督者呢？唯一可能使国民敢于寄托的是：对监督者必须适用更为严格的规则和程序；监督者自身也应该接受监督；而且在监督者与被监督者之间应当建立一种理性的制约关系，以防止监督权的滥用。唯有如此，监督才可能是理性的、有效的、公正的，也才能充分实现监督的目的。

四、专业性（职业性）与民主性的关系

人们越来越明显地感到，尽管法院的相当一部分案件还是传统的婚姻家庭、民事赔偿或普通刑事案件，但证券、保险、股权、破产、海

商、海事、知识产权、司法审查等新类型案件和涉外案件所占比例越来越大；法院所适用的法律规范不仅越来越多而且越来越复杂，不仅普通人难以了解其内容，就是长期从事法律工作的人也很难说全部理解和熟悉；当事人的需求和期待似乎越来越难以满足，双方的争议在许多情况下似乎越来越难以从根本上了断。如果说在二三十年前，一个没有多少法律知识而有一定生活和社会经验的人在法院还可以工作的话，如今着实会感到勉为其难。面对这些社会变迁，人们普遍感到：司法工作具有一定的技术性、专业性和复杂性；司法理性是一种整合理性，与自然理性有着重大区别；要处理高难度的案件，需要长期的职业养成。面对变化了的情势，人们要求法官具有较高的专业水平，司法机关着力进行职业化（专业化）建设，不仅是可以理解的，而且是完全必要的。

与此同时，人们同样感到，国民的政治参与热情和民主意识也在不断地升温和迸发，国家的民主化程度也在不断地提高和升华。参与立法、参与行政、参与司法已经或正在成为时代的潮流。司法民主的要求也在与日俱增。

司法的民主性是指司法过程及其决策应当彰显人民主权、贯彻民主精神、体现民主作风。司法的民主性要求：司法过程公开透明；充分听取当事人各方的意见；公众对司法过程的有效参与；司法决策实行少数服从多数的原则；司法裁判必须充分说明理由并接受社会监督。

司法民主是人民民主的组成部分。司法民主对实现人民当家作主、防止司法专横和专断、保证司法的客观公正、增强司法的可接受性，具有重要意义。

司法民主性的根本要求是司法裁判必须符合根据民主程序制定的法律规范，而要做到这一点，司法人员必须具有良好的职业操守、职业技能和职业素养。可见，司法的民主性不必也不能排斥司法的专业性或职业性。相反，司法的民主性需要司法的专业性和职业性作为保障。

但是，司法的专业性和职业性不能完全脱离司法的民主性甚至大众性而存在。过分强调司法的专业性和职业性，有可能导致排斥人民群众对司法活动的监督和大众对司法活动的参与，有可能使司法人员过度偏离大众思维、脱离社情民意而形成司法人员的职业偏向，有可能养成司法人员自命不凡、高高在上的官僚主义作风。因此，强调司法的专业性或职业性，不仅要注意防止司法的职业偏向，而且要防止司法专断和专横；不仅要防止司法的形式主义，而且要防止司法官僚主义；不仅要防止司法对社会的隔离，而且要防止司法对大众的疏离。

五、合法性与合目的性的关系

在我国实行人民代表大会制度的背景下，司法活动和司法裁判必须具有合法性，这是天经地义、不容置疑的。因为依法裁判既是宪法体制的要求，也是执行人民意志的需要；既是实现司法公正的前提，也是实现司法公正的保障。因为法律既是确定特定情形下何谓正义的公认标尺，也是判断个案是非曲直的既定准绳。

但是，也应当看到，任何法律都不可能尽善尽美，合法性的价值并非人类的终极或最高价值，与法律相符合也不是所有人所追求的唯一价值。人类追求的价值具有多元性，司法所应当尊重的价值也多种多样，其中，合目的性在司法活动中尤其具有重要的地位。

目的性是人类活动的基本特征。主体以自我需要为出发点，又以自我需要的满足为归宿，这就是人的主体性规定的目的性。人的实践活动无一不是有意识有目的的，即在一定的思想、理论、计划、方案的指导下完成的，使世界合乎人的内在尺度的需要。

合目的性是人类活动的基本理性。人必须在价值活动中不断地调整自己的需要，并作出合乎自己目的的选择。无论从价值选择的出发点、价值的实际行为过程，还是从价值选择的实际效果看，都是为满足主体需要这一目的服务的。合目的性是人的生存实践具有高度自觉性的表征，是人的能动性的突出表现。

司法活动是有目的的活动。司法的过程本身就是法律目的和社会目的实现的过程，以实现法律目的和社会目的为宗旨，是司法活动的根本宗旨。合目的性既是司法活动的内在要求，又是评价司法是非得失的重要标准。

司法活动应当以合目的性加以引领。一切实践，都是为了实现预设目标的活动。目的构成实践的灵魂，是实践的动机和出发点。在人的实践活动中，合目的性原则是统帅全局的主导性原则。只有以实现法律目的和社会目的为宗旨，司法活动才能真正取得成效。

合目的性是评价司法活动的重要标准。司法活动重视法律效果和社会效果，而两个效果的实现程度只能从法律和社会目的的实现程度来评价。实现了法律目的和社会目的的司法活动才能称之为成功的司法。

人的需求的多样性决定了人的目的的多维性。就司法审判而言，具体包括：特定司法行为、工具、手段的目的；司法权和司法审判的目的；特定法律的目的；党和国家的奋斗目标；社会发展的目的；人类的目的（人的自由与全面发展以及个人价值的实现与满足）；等等。

由于人的需求具有层次性，人所追求的目的以及不同主体所处客观条件和各自偏好不同，各种目的的位阶次序也不一样。

在实践活动中，人们不仅要舍弃现实条件中那些与人的目的不相符合的因素和方面，或者重新创造原来不曾有的条件，而且也要随时调整目的与外在环境及条件的关系，包括对人的目的本身的修正，以保证实践活动的成功。

立法活动必须满足合目的性的需要，但法律一旦生效，必须得到全体国民的遵守。解释法律时要尽可能满足合目的性的要求；在合法性与合目的性存在冲突时，合目的性要服从实质合法性；在自由裁量的限度内，要尽可能体现合目的性的要求。

可见，只有将合法性与合目的性完美结合，并受到正义的指引，司法才能达到至善之域。

六、被动性与司法的能动性的关系

由于司法具有"不告不理"和"有请方裁"、"有求才应"的特点，与行政权的主动执法的特点形成鲜明对照；由于司法的职业特点在于依法居间裁判，与立法机关创制规则的权力亦形成极大反差。由此，司法权被认为是一种消极被动的权力，司法的运作机制被认为具有消极被动性。

但是，一味强调司法的消极被动性，不仅使司法的社会效果难以彰显，而且使司法人员在出现疑难案件时束手无策，尤其是遇到法律文本或规范出现模糊、不确定或空白漏洞的时候；不仅使当事人各方难以在诉讼过程中保持真正的平等地位，而且使弱者的权利往往得不到有效救济；不仅使人民法院服务大局的职能作用难于发挥，而且使当事人常常难于服判息诉，造成案结事不了的上访、闹访和缠访。至此，人们不能不反思，司法是否应当在保持适度的"消极、被动"的同时，保有一定的能动性？

事实上，关于司法的属性是能动抑或被动、消极，存在不同的理解和观点。其实无论是就司法的属性，还是就司法的运行过程，抑或就中国特定的背景看，仅仅强调司法的被动性有失片面，司法也需要一定的能动性。

司法需要能动的理由：不能仅凭"不告不理"就将整个司法完全定义为消极和被动；适用法律的过程实际上是一个能动的过程而不完全是消极被动的过程；在法制不成熟和转轨时期尤其需要司法人员的能动性去弥补法律规范的不足和缺陷；没有司法的能动就难以实现司法的完美和良善；中国特色社会主义的司法所承载的特殊使命和责任更要求司法具有一定的能动性。

但是，过分能动的司法有可能对立法权和行政权造成挤压；可能对当事人的诉讼权利造成侵害；可能对司法的权威性造成损害；可能对民主机制造成威胁；可能对司法资源造成不必要的浪费；可能使司法自身的弱点和缺陷暴露无遗。因此，能动司法必须保持必要的限度，能动主体必须保持高度的自律和自我限制：必须恪守司法的职权范围；必须遵循司法的运行规律；必须尊重当事人的诉讼权利；必须防止司法权的滥用；必须与司法职能具有必要的关联；必须具有科学务实的态度。

七、公正性与司法的可接受性的关系

"实现司法公正，哪怕天塌地陷"，这种说法虽然有些极端，但反映出人们追求或期盼司法公正的执着。如果司法不以公正为目标，裁判不以公正为基本评价标准，那司法与纯粹的暴力就没有任何实质区别，甚至"黑道"可能更受人们的欢迎和青睐。

但是，司法公正并不意味着对任何人都张开笑脸，并不意味着对当事人双方都"可口可乐"，也不意味着都能得到社会全体成员的认可和赞成。可见，对于司法审判来说，仅仅实现了司法的公正性还不能说是最好的审判；假如当事人双方对裁判均不理解、不认同、不"领情"，是否还能说是一场成功的审判？由此可见，司法审判不能不研究可接受性问题。

司法的可接受性通常指司法行为或裁判是否为当事人和社会所认同或接受。司法的可接受性是不是一个必须或有价值的命题，学术界颇有争议。

否定者认为：可接受性必须以合法性为依归，不合法的裁判是当然不可接受的裁判，而合法的裁判又是必须接受的裁判，故可接受性并无多大价值。肯定者认为：司法审判必须坚持法律效果与社会效果的统一，而社会效果即包括可接受性的要求，故可接受性具有重要价值。

事实上，在合法性外存有大量的可接受性规则的适用空间：在法律存在自由裁量空间时，司法人员具有一定的选择余地；在法律概念具有不确定性时，司法人员具有一定的判断余地；在多种可选方案并存之时，司法人员具有价值和利益衡量余地；在法律规范存在漏洞时，司法人员拥有漏洞填补的余地；在是否使用法定权力或手段时，司法人员拥有相当的考量余地。

还应当看到，强调司法的可接受性，不仅有利于息诉止争，而且有利于降低诉讼成本；不仅有利于限制司法人员的专断，而且有利于团结和谐；不仅有利于案结事了，而且有利于裁判的实现。

但是，过分强调司法的可接受性，又会带来另一方面的问题：由于诉讼基本上属于"零和游戏"，利益相互冲突的当事人"双赢"的概率极低，故裁判结果很难使各方当事人都满意；即使与案件没有利害关系的案外人，由于对相关事实和法律的认知能力与水平不同，各人的社会地位、身份角色、知识背景以及由此产生的世界观、价值观不同，对同一裁判也会有不同的看法；过分强调司法的可接受性，将会不可避免地出现违法调解、"和稀泥"、损害案外人以及国家或公共利益的情况；过分强调可接受性，往往会使强势或蛮横不讲理的当事人获利，而使弱势或讲"温良恭俭让"的当事人受损，从而丧失司法审判的公正性；过分强调司法的可接受性，还会使案件久拖不结，不仅降低司法效率，而且损害司法和法律的权威。

因此，司法的可接受性必须受司法公正性的节制：个人的"小算盘"必须服从法律这个"大道理"；各种不同的价值观都必须服从公正的基本准则；不得超越法律的规定、违反法律解释规则或违背客观事实去满足不真实的"舆情"或"民意"；更不得放弃法律原则和公正准则去迁就无视公共利益和他人正当权益的缠诉、闹访者的一己之私。

八、权威性与司法的和谐性的关系

建立在公正高效基础上的司法权威，不仅是国家安宁之福，而且会大大减轻各级党政领导解决接访、上访问题之苦。要使人们尤其是强势主体受司法程序的约束、接受并执行司法裁判，不能不下意识地树立司法的权威。司法权威无疑主要依靠司法公正和高效而自然生成或自发获得，但也需要适当的人为"追捧"和外力相助。

但是，绝对的权威往往与专横相伴，过度的权威也会伤及社会的和谐。司法的目标可分为裁判是非曲直、化解矛盾争议、助生和谐良善等若干等级，而和谐乃是司法的最高境界之一。

司法的和谐不仅意味着冲突各方当事人在诉讼中、诉讼后均能和谐相处，而且意味着代表国家的审判主体与其他参与司法机关之间、司法机关与当事人之间亦能产生一种信任和友好的关系，还意味着裁判的内容和导向能成为社会关系的粘合剂，能增加社会的和谐因素，消除社会生活中的不和谐之音和不安定因素。因此，司法和谐应当成为当代司法的一种重要追求和理念。

司法和谐以诉讼各方最大可能的共识为前提，以各方主体大致均衡的谦让美德为要件，以司法审判主体营造的环境氛围为平台，以司法审判人员的主观努力为助推。总之，司法和谐作为司法的一种崇高目标，其实现是有条件的，而不是无条件的。

但是，过分追求司法和谐，也会带来负面效应：可能淡化当事人和公众的权利、义务和责任意识，从而弱化社会的竞争动力；可能使司法机关之间只注意配合而忽视相互之间的制约，从而使司法体制失去制衡功能；可能使上下级法院之间的关系庸俗化，从而使依法应当纠正的裁判得不到及时纠正；可能淡化法律的规范和指引作用，从而降低法律的可预测性和社会的"能见度"；可能使当事人在诉讼中把注意力转向关系资源的筹集而忽视证据的提供和法律问题的研究，从而损害司法的严肃性和法律的权威性；可能使难于达致和谐的案件久拖不结，从而使迟到的正义变为非正义。

因此，在强调司法和谐的同时，必须注意维护司法的权威性和法律的严肃性：必须坚持各司法机关之间的职能分工和制约监督要求，防止无原则的相互包庇和文过饰非；必须坚持上下级法院之间的监督指导关系，防止有错不纠和"官官相护"；必须坚持依法调解和依法裁判，防止一味追求调解、和解率而损害国家利益、公共利益和他人利益；必须坚持维护法律的严肃性和司法的权威性，防止对违法犯罪行为一味迁就和放纵。

九、终局性与合理性的关系

如果说司法不仅是社会矛盾、纠纷和冲突的调解机制，也是社会关系的稳定机制的话，那么，司法裁判确定得愈快则此种作用发挥得愈充分。如果司法裁判不具有终局性，社会主体则因社会关系永远处于不稳定之中而人人自危，相关当事人将永远摆脱不了纠纷的梦魇而终身不得安宁，国家也将长久陷入并可能窒息在日积月累、不断增多的争议之中而无法长治久安。这正是任何一个国家都极力强调司法的既判力和终局性的缘由所在。

但是，司法的既判力和终局性，应当以裁判的合法合理为基本保障。一个称得上良善的司法裁判应当尽可能做到法理情的统一。这是因为：法律源于正当性和合理性，合理是源、合法是流；合法性只是司法审判的底线，合法且合理、合情才是司法审判的高位追求；法律为表，正义为里，只有表里如一的裁判才是公平正义的真正实现。因此，合理性或正当性是司法审判必须追求的目标之一。司法的终局性亦应建立在裁判的合理性和正当性之上。

但是，法律不是"穷理尽性之书"（晋张斐语），司法也难于做到绝对正当合理。事实上，法律有时是"在矛盾的焦点上砍一刀"（彭真语），很难做到最善最优；司法在相当一些场景下也只能作出无奈的选择（如在客观真实无法获得的情况下只能服从证据规则），很难做到胜败皆服。更何况，对于什么叫合理、什么叫合情，往往由于各人利害关系不同、知识背景迥异而"公说公有理，婆说婆有理"。如果没有相应的"终局规则"，则必然会出现"终审不终"、"再审还再"、缠诉无穷、闹访无限的局面。如此则将判无定时、纷无了期，相关社会关系长期得不到稳定，当事人永远得不到安宁。以此看来，必须建立科学的司法"了断"机制，以避免使当事人、司法机关和社会陷入无休止的争讼之中。这正是司法终局性的正当性之所在。

但是，如果过分强调司法的终局性，又可能出现如下负面影响：一些当事人的冤屈将有可能得不到有效纠正；上诉或再审程序也将成为走过场的游戏；司法专横或专断也可能应运而生。因此，司法的终局性必须与司法的正当合理性、合法性保持适度的平衡：不能因为坚持司法的终局性而使明显侵害当事人、案外人权益或者侵害国家或公共利益的裁判得不到纠正，不能因为维持裁判的既判力而使依法应当进入再审的案件被关在再审大门之外。

十、法律性与社会性的关系

法律性与社会性的关系是一个非常复杂的问题。实践中往往将法律效果与社会效果对立起来，这是偏颇且形而上学的。司法审判应当强调法律效果与社会效果的统一。第一，法律具有局限性。法律本身由于人的认识的局限性，由于社会关系的变动性和复杂性，任何立法都不可能说是完美无缺的。世界上没有一部法是完美无缺的，任何法律本身都存在局限性。如果我们不强调法律效果和社会效果相统一，就会使这种局限性延伸扩大。延伸扩张这种局限性，其社会效果就可想而知了。第二，司法审判存在诸多自由裁量空间。尤其是我国正处于转型期间，法律比较抽象、比较原则，不像成熟法制国家那样规定得很具体。有的国家的诉讼法有上千条，而我国相对较复杂的民事诉讼法，也只有两百多条，行政诉讼法只有几十条。实体法漏洞也比较多。所以必须赋予法官自由裁量权。但是，过于抽象原则的法律，会导致法官的自由裁量权增大，选择的空间增大。要达致最佳的法律效果，就必须参照社会效果标准来进行选择。第三，我国正处于社会矛盾的高发期，我国的法律规范又不能完全适应这种现实，或者法律远远落后于这种现实，如果简单地依法办事，法律实施过程必然会与社会生活产生尖锐的冲突。如果法官能从社会效果的角度来思考问题，法律与社会的冲突必然减弱。否则，司法权威最终将受到损害，司法的公信力将受到挑战，司法将不会得到人民的拥护和支持。所以必须强调法律效果与社会效果的统一。

实现社会效果，应注意以下几点：第一，在运用法律的时候要尽可能缩小法律与社会现实的冲突和矛盾；第二，要让法律适用发挥更大的社会效益；第三，要尽可能地使裁判符合实质正义的要求，做到形式正义与实质正义的统一，做到主观公正与客观公正的统一，让老百姓更多地理解司法判决，尽可能减少执行判决的障碍。

我们所强调的社会效果最终是要让社会最大程度地认同司法判决、支持司法判决，使法律效果得到社会认可。怎样实现法律效果有以下几点要注意：第一，必须明确法律效果是第一性的，社会效果是第二性的，不能反过来为了社会效果否定法律效果。讲法律效果就是要讲依法办事，必须要摆明这个关系。第二，我们讲的法律效果不是机械地适用法律，而是要贯彻法律的精神和原则，不仅要注意法律的文字和条文，更要符合法律的精神实质，符合法律背后的公平、正义。第三，必须在审判过程中更多地注重社会效果，研究人民群众对判决的接受程度，尽可能宣传判决的合理性和正当性，使当事人、人民群众理解并支持司法判决。第四，正确使用自由裁量权，避免权力的滥用。司法人员在裁判案件的时候，必须考虑这个裁判对社会有没有负面影响。如果有负面影响的话，应当把负面影响降低到最低程度。

我们生活在价值多元化的时代，人类需求的多样性决定了价值的多元性；人类需求的多样性及价值的多元性决定了人们对司法要求的多向度性。与此同时，任何价值都具有一定的局限性和相对性，都不具有绝对性。因此，司法机关和司法工作者必须善于进行价值整合和价值衡平，必须注意克服价值偏向，以不断满足人民群众日益丰富的司法需求；而社会成员和舆情也应当从不同角度多侧面地理解和认识司法，理性地评价和接受司法裁判，为司法的健康发展创造良好的人文环境和舆论环境。

第二章　司法理念之辩证

自党的十七大以来，党中央、最高人民法院就如何开展新时期政法工作和司法审判工作，提出了一系列新的理念和观点，这些新的理念和观点，涉及一系列重大理论观点和重大原则问题，在司法实践中引起了强烈反响。如何看待并正确贯彻这些理念，不致于从一个极端走向另一个极端，有必要进行深入探讨。

一、宪法法律至上与党的事业、人民利益的关系

如何理解和把握宪法、法律与人民利益和党的事业之间的关系，是司法审判中经常遇到的问题。党的事业，就是建设中国特色社会主义的事业，是社会稳定和谐，是社会全面发展，是建成小康社会，是建设法治中国，是建成社会主义现代化强国。这些事业是广大人民群众衷心拥护的，也是人类社会终极追求中必要的阶段性目标。人类社会追求的终极目标是实现人的自由和全面发展。宪法法律不是人类追求的终极目标，它是帮助我们达到终极目标的必要条件和最重要手段。

从价值的层面来分析，党的事业、人民利益、宪法法律分别有各自的价值，三种价值需要整合互补，才是理想和完整的，才有利于实现我们的目标。

要想保证党的事业健康发展，就必须保证党的事业的人民性，就必须以法治为保障手段。中国共产党没有也不能有自己的独立利益，这是其区别于西方资产阶级政党的本质特征。我们的党尊重人民群众的利益

和主张，反映人民群众的愿望。党的事业就是人民的事业，就是国家的事业。党的事业是与国家的发展前途和命运联系在一起的，是与全体人民的根本利益联系在一起的。党的事业如果不体现广大人民的利益，不具有人民性，就不能得到广大人民的理解和支持。要实现党的事业，必须以法治为基本的保障手段。在现代国家，靠人治是不能实现党的宏大事业的。

维护人民权益是司法的重要使命，早在古罗马，就有"人民的安全乃最高的法律"的说法。人民的利益不是一个当事人的利益，不是一个部门的利益，不是一个地方的利益，也不是某个集团的利益，而是作为整体的人民的利益。它不仅包括眼前利益和短期利益，更包括根本利益和长远利益。但人民利益既是抽象的，又是具体分散的。民意需要由政党来吸纳、表达、整合、领导以形成合力。此外，人民利益作为整体利益只有上升为国家意志，才能具有强制力和执行力，才能获得一体遵行的效力，才能得以最终实现。所以，仅仅强调人民性还不够，还必须有宪法和法律的保障。

宪法法律是党领导人民制定的，体现了党的领导和人民利益，但法律本身具有天然缺陷，并非完美无缺。法律并不总是当然充分地反映人民利益，它常有不完善的地方，具有局限性和滞后性。在治理国家的各种方式中，法治并非尽善尽美，但具有比较优势，所以必须坚持法治。在坚持法治的同时，必须注意克服法律的局限性和滞后性等缺陷，必须正确理解"宪法法律至上"的精神实质。"宪法法律至上"不仅要求我们服从宪法法律的文字，而且要服从它的基本原则和精神实质。在司法过程中，法官不能唯法条是瞻，要发挥主观能动性，紧贴现实需要，弥补法律的不足。而发挥主观能动性，适当进行自由裁量，就必须以"党的事业"、"人民利益"为圭臬。

虽然我们强调要实现法律效果和社会效果的统一，但有时还是自觉或不自觉地偏重法律效果，认为实现了法律效果当然也就实现了社会效果。实际上这两者还是有差距的。要强调对法律的信仰，以确保法律的确定性、安定性，但同时也要看到法律的局限性和不完善性，故必须在坚持法律底线的前提下，在法律范围内实现社会效果的最大化。

要处理好宪法法律至上与党的事业、人民利益的关系，须注意以下几点：

一要正确地界定党的事业。如果把党的任何一项中心工作或者党委安排的某项具体工作都当作党的事业，并把它放到不适当的位置，就可能导致以地方利益、部门利益来取代整体利益、根本利益和长远利益，就有可能会破坏法治，所以必须正确把握党的事业的基本内容和基本要求。

二要正确把握人民性和司法为民的内涵。不能把司法为民庸俗化，不能把人民利益庸俗化，更不能把某一方当事人的利益视为全体人民的利益。重视人民利益仅仅在便民措施上或者工作作风上强调司法为民是不够的。如果不充分认识司法的人民性，就不可能真正实现司法为民，在工作措施和作风上的为民也必然是不到位的。

三要更加注重把握法律的精神实质。强调重视党的事业和人民利益，绝不意味着放弃"有法必依、执法必严、违法必究"，绝不意味着可以不依法裁判，绝不意味着可以随心所欲地解释和适用法律，而是要严格按照法律的解释规则，正确把握法律的精神实质来处理案件。要强调重点论，也要强调两点论。没有重点论，就难以解决当下必须解决的问题。没有两点论，就会导致一种倾向掩盖另一种倾向，解决了这个问题，另一个问题又出现了；甚至是这个问题还没有解决，却出现了更加难以解决的问题。总的来说，要注意价值平衡，防止价值偏向。

任何人从事一项工作久了，都会过多关注自身专业和工作特性，同时也会更多地受到自身的眼界、价值观念、工作习惯的束缚，看不到其他价值的重要性，看不到其他思想观念、理念的重要性。一些审判人员确实存在就案办案现象，有必要引进其他观念，通过不同价值观念的碰撞、整合，纠正自己的价值偏向和价值偏好。

二、法治与政治的关系

在司法实践中，司法审判人员经常难于回避法治与政治的关系问题，需要我们进行审慎处理。

（一）法治与政治的本来含义

法治，用亚里士多德的话来说，就是已经生效的法律得到普遍遵守和执行，而这些法律又是制定得良好的。法治属于规则治理，意即使良善的法律得到普遍遵守和执行。简单地说，就是把良法作为治国理政的基本国策。为什么要坚持法治原则？这是由以下原因决定的：（1）众人之智优于一人之智。法治集中了众人的智慧，而人治依靠的是单个人的意志。（2）实行法治是我国的国体和政体决定的。我国是人民当家作主的社会主义国家，要求依照人民的意志办事，人民的意志上升为国家意志就是法律。依法办事，就是依照人民的意志办事。（3）只有实行法治才有自由。法治最大的优点就是它的确定性、可预见性，而人治的弊端，就在于它的可变性、反复无常性。有确定、可预见的规则，人们才有选择性；有选择性，才有自由。在反复无常的统治下，是没有自由可言的。（4）只有实行法治，人民的权利才能得到保障。列宁曾经说过：宪法是写满人民权利的纸。（5）只有实行法治，国家的政策才有连续性和稳定性。（6）只有实行法治，才能长治久安。不搞法治，现代社会中各个系统是难以维系的，也是难以为继的。法治通过规则之治，亦能保障政权更替的连续性和稳定性。

政治，从本质上说，就是统治阶级利益的最大化，在我国亦即人民利益的最大化。讲政治，就是要使人民的利益最大化。

（二）法治与政治的不可分离性

亚里士多德说，"人是天生的政治动物"。人具有社会属性和政治属性，这使人区别于其他动物。政治性是人的基本属性之一。法治是人类社会的一种治理方式，当然不能离开政治。

法治是政治的一个组成部分，法治是政治治理发展到一定阶段的产物。人类的政治治理方式有神治、力治、权治、德治、法治多种。法治概念本身也是亚里士多德在其政治学著作中首先提出来的。在一定意义上说，政治是法治之母。

法治与政治文明的发展具有不可分割的关系，法治是政治的集中体现和显著标志，是政治文明的根本保障。

（三）司法审判讲政治的必要性和重要性

司法权本身属于国家政治权力中的一个分支，是政治权力的一个组成部分。任何一个国家的政治权力，在性质上都可以区分为立法权、司法权和行政权，这种区分是客观存在的。至于这三种权力之间的关系，则可以有不同的结构。司法权是国家权力的一部分，从属于政治权力，当然具有政治性。

司法权是至关重要的执政权。司法审判关系到国家的政权是否巩固。司法审判在整个国家政治生活中扮演的角色越来越重要，这也是一个发展的大趋势。在一些国家，已经出现了政治问题法律化的现象。

司法审判讲政治，是复杂的国际国内形势所要求的。西方反华势力正在加紧其分化、西化图谋，他们把司法审判作为一个重要的突破口，这就要求各级法院必须讲政治。国内严峻形势也要求我们讲政治。面对"台独"、"藏独"、"东突"、法轮功等问题，如果我们在政治上不清醒，就根本处理不好这些问题。人民法院面临的严峻挑战要求我们的司法审判工作必须讲政治。

（四）司法审判讲政治的基本要求及应当注意的问题

如果从政治角度看问题，在司法审判中，必须满足以下要求：要有坚定的政治信念，坚持中国特色社会主义制度；要有坚定的政治立场；要有明确的政治方向；要有清醒的政权意识；要有严格的政治纪律；要有高度的政治智慧。

司法规则、司法解释和指导意见的制定除应当考虑合法性以外，还应当尽可能地考虑人民当家作主和党领导人民依法执政的需要；司法审判活动应当有利于巩固党的执政基础和维护党的执政地位；要坚持政治性、法律性和人民性的统一，坚持严格执法，在制定司法政策和行使自由裁量权时，要考虑到政治性和人民性的要求；在司法审判活动中要注意维护国家和人民的根本利益；要正确处理好法律思维和政治思维的关系：在审理案件中，首先要运用法律思维，法律思维有其特有的规律和特有的要求，我们要在政治思维和法律思维的结合上下功夫，不能简单地用政治思维取代法律思维，不能以讲政治来否定依法办事。同时，在把握法律精神、解释法律的过程中，在运用自由裁量权的过程中，在填补法律漏洞的过程中，以及在工作作风、机制建设方面，也应当考虑政治思维的要求。

三、审判工作与服务大局的关系

服务大局不仅是各级党政机关对司法审判工作的基本要求，也是各级法院领导不得不关心和重视的问题。但如何正确把握审判工作与服务大局的关系，尚须作深入研究。

（一）审判工作为什么要讲大局

社会主义司法审判工作，是中国特色社会主义事业的一个组成部分。从部分和整体的关系上讲，任何部分都有其特性，但部分必须服从整体的需要。如果部分与整体不协调，不服从整体的需要，就必然发生相互抵消、相互摩擦、相互掣肘，整体功能就不能有效发挥。

无论是立法，还是司法，都必须以调整社会关系为己任，都必须考虑社会目标的实现。故司法审判必须要从大局着眼，要谋划全局，要把法院工作放在全局中来思考和定位。古人云："不谋全局者，不足谋一域。"善于从全局来考虑问题，才能真正做好审判工作。

讲大局有利于充分发挥司法审判功能。司法审判机关只有上下一致，配合国家大局，才能充分发挥司法审判的职能作用，其整体功能才能最大化。

（二）如何处理好审判工作与服务大局的关系

处理好审判工作与服务大局的关系，需要注意以下几点：

1. 准确认识和把握大局。首先要弄清楚局部和大局的关系，两者是部分与整体、手段与目的、局部与全局的关系。其次要弄清楚我国当前的大局是什么。我国当前最大的大局就是建设中国特色社会主义，就是构建和谐社会，就是建成小康社会，就是建成法治中国，就是实现国家治理的现代化，就是实现中华民族的伟大复兴。此外还有经济发展的大局、保障民生的大局、国家安全的大局、社会稳定的大局等。一般而言，大局是通过党和国家的中心工作来体现的，但并不是各级党委、政府在某个时期的中心工作都是大局。大局应具有全局性、根本性、长久性、危急性的特征。司法审判工作要更加注重推动科学发展，更加注重促进社会和谐，更加注重保障民生，更加注重维护国家安全和社会稳定。这就是我们司法审判工作的大局。

2. 服从大局。司法审判工作服从大局，首先是不能搞部门保护和地方保护以危害大局，其次是不能搞利益驱动以损害大局，① 最后是不能搞急功近利以断送大局。

3. 服务大局。在司法审判工作中，要注意发挥职能作用保障大局，适时调整司法政策适应大局，充分应用自由裁量支持大局，注意方式方法莫扰大局，应用法律智慧救扶大局。

（三）审判工作服务大局应注意的事项

不能把一般的中心工作当成大局。司法审判需要具有稳定性，如果

---

① 有些地方的法院，乱收费、乱拉赞助，损害了司法的公正性、权威性和公信力，损害了司法审判工作的大局，也就是损害了法律的权威，损害了党的执政基础。

把一般的中心工作都当作大局，则会导致司法政策的不稳定，导致司法的不公正、不平等。

不能脱离本职工作来服务大局。要通过发挥职能作用来服务大局，脱离本职工作不仅不能发挥职能作用，反而会拖大局的后腿。

不能违反法律规定支持大局。应当特别指出的是，依法办事、依法治国也是大局。越来越多的同志认识到，要求法院违反法律规定来支持大局是危险的，是对大局的破坏和危害。

四、法的确定性与维护社会核心价值的关系

法的确定性也叫法的安定性。在司法实践中，我们经常会发现这样的问题，在某些案件中存在一个我们关注的、也值得保护的利益或价值，但如果按照现有法律规定又很难予以保护。在这种情况下，是牺牲法律的确定性来保护这个价值呢，还是保护这个价值而牺牲法律的确定性？我们讲处理好审判的社会效果和法律效果的关系，实质上就是要处理好法律的确定性与保护特定的社会价值之间的关系问题。

（一）法的确定性、安定性的重要意义和价值

法的确定性、安定性具有丰富的内涵，它要求：（1）制定的法律必须明确，不能模棱两可，这样才有可预见性；（2）法律不能溯及既往，只能规范其生效以后的行为；（3）对法律的解释不能随心所欲，必须遵守解释规则；（4）法律的适用必须具有平等性，不能对不同的人采取不同的标准；（5）司法政策必须保持相对的稳定性。

为什么要求法律和法律实施必须具有确定性和安定性呢？一是我国国体和政体的要求。我国司法机关必须坚持有法必依、执法必严、违法必究的原则，必须严格执行最高权力机关的意志，也就是必须严格执行法律。二是国民自由的保障。只有法律具有确定性，才有可预见性，才有选择性，也才有自由。三是法律秩序和社会稳定的源泉。只有法律是确定的，才能形成稳定和秩序。四是凝集共识的基准。对某一事物的看

法，必须要统一到法律上，以法律规定为基础形成共识，社会才能安定。五是树立法律权威的必要条件。法律如果可以被随意解释，就不可能具有权威。强调依法办事，强调独立审判，实质上就是要维护法的确定性的价值。

法律不可能做到穷理尽性，不可能照顾到每一个人的利益，它总是有所取舍，有所选择。法律的规定即使小有不当，也必须遵守。如果每一个人都可以按照自己的判断，来选择自己的行为，来选择执行或者不执行法律的话，整体上的秩序、正义、自由和国家的稳定也就不存在了。严格执法，有时可能意味着执行的不是十分完善的法，但为了维护法律的权威性和稳定性，这也是必要的。苏格拉底被民主政体判处死刑后没有选择逃走，而是接受今天看来不公正的死刑，以牺牲自己的生命来维护法律的稳定。我们在办案过程中，有时对个案总想变通一下，但如果这样，就很难将法律作为规范事物的准则了。作为法官，必须要坚守法律的确定性、安定性。

（二）维护社会的核心价值的正当性

在司法审判工作中，必须注意维护社会的核心价值。这是因为：一个社会的核心价值是公共利益的基础，是人民群众根本利益之所在，也是该社会的本质属性之所在。维护以人为本、稳定、诚信、效率、公共利益、民族团结、国家统一、国家安全等核心价值，是必要的，是具有正当性的。但在维护这些价值的过程中，有时会与既存的法律规定发生冲突，有时还会发生不同价值之间的冲突，这就有一个价值选择和价值顺位的问题。

（三）处理法的确定性与维护社会核心价值的关系的基本准则

1. 建立确保良法之治的过滤机制。这个机制在国外也称为违宪审查机制或合法性审查机制。对于可能成为裁判依据的法律规范，如果有人认为它与宪法相抵触，或者它具有极大的不正当性，或者与其他法律相冲突，可以请求法定的机关，按照法定的程序对其合宪性与合法性进行审查。通过审查，来确认它是否有效，是否具有可适用性，是否应进入实施过程。这是现代民主制度、现代法治所发明的维护法的确定性和维护社会核心价值平衡的一种很重要的制度。我们之所以要维护法的确定性，唯一的担心就是每一个人都可以按照自己的理解，随意地否定法律、解释法律，按照自己的意志随意地选择法律的适用。但客观上又的确有一些法律不那么合宪、不那么合法、不那么正当，需要通过一个理性的、法定的、有程序的过滤机制来予以审查。这样既维护了法的安定性、确定性，又保护了我们的核心价值。这是现代法治的一个重大发明。

2. 建立合法性审查机制。行政诉讼法赋予了人民法院对行政机关制定的规章及规章以下规范性文件的参照权，也就是说人民法院在审理行政案件中具有一定的选择适用该规章或规范性文件的权力。人民法院在审理案件中，对于对规章及规章以下的规范性文件，如果认为合法，则应当予以尊重，并遵照执行。也就是说，如果规章或规章以下的规范性文件，没有违反更高层级的规范，没有与同层级的其他规范相抵触，没有违反法定的制定程序，没有超出管辖权限范围，也没有明显的不正当情形，那么就具有执行效力，人民法院应当予以尊重。相反，如果该规范性文件存在违法或极不正当的情形，人民法院则可以不予适用，而选择适用其他规定。这可称为选择适用权和合法性判断权。通过这两项权力的行使，可以既维护法的确定性，又保护社会的核心价值。

3. 严格遵守法律解释规则和法律适用规则。法律解释是一门艺术，它不仅仅是探寻法律原意的路径，也是弥补法律缺陷和漏洞的工具。但法律解释必须遵循一定的规则，不得随意解释。通过法律解释，既能维护法律的确定性，又能保护社会的核心价值，达到法律效果与社会效果的统一。

4. 建立科学的法律规范选择适用制度。对于同一个事件，往往同时有不同的法律规范在调整。这些规范，可能是不同时间，不同部门或不同层级的。究竟适用哪一个规范，要遵循一定规则。对自己有利就适用，对自己不利就不适用，或者符合自己的想法就适用，不符合自己的想法就不适用，都是不允许的。上位法优于下位法、后法优于前法、特别法优于普通法等法律适用规则，都必须严格遵守，但要注意一些例外情形。

5. 全面进行价值比较和利益衡量。在办案中，经常会发现各种价值发生冲突的情况，比如平等权与自由权的冲突、知情权与隐私权的冲突等，这时要进行价值比较，按照权利的位阶和排序，决定优先保护哪一种权利。还有利益冲突的问题。这时首先要考虑利益的正当性问题，保护具有正当性的利益；如果相互冲突的利益都是正当的，则进一步进行利益大小的衡量，"两利相权取其重，两害相权取其轻"。

6. 正确使用自由裁量权。法律留给法官的自由裁量空间是很大的。首先，在可以为也可以不为某种行为上的选择权，是一种自由裁量。其次，在法律规定的幅度内，比如量刑幅度内的选择权，也是一种自由裁量。最后，在对某种行为进行定性上的选择权，也是一种自由裁量。法官必须正确运用自由裁量权，处理好维护法律确定性和保护社会核心价值之间的平衡。

五、司法的专业性、严肃性、权威性与人民性的关系

人民司法产生于革命战争年代，其最大特点就是人民性、便民性，就是与人民群众的亲近感。"马锡五审判方式"受到人民群众欢迎，其原因也在于此。解放后，人民司法工作继承了这样的优良传统。但是随着案件数量的增多，全部采取深入到田间地头的办案方式是不可能的，于是提出了坐堂问案的正规审理方式。改革开放以来，新类型案件不断增加，特别是一些民商事案件和行政案件，涉及许多新的知识领域，司法工作没有专业性不行，所以又提出了专业化、职业化的口号。案件增

多后，妨碍诉讼、不执行法院判决甚至暴力抗法的现象增多，所以又提出了司法权威性的问题。强调司法的专业性、严肃性、权威性，促进了司法工作整体水平的提高，有其积极意义，但有些地方又走向了另一个极端，出现了衙门作风、对当事人冷漠、审判人员高高在上、脱离人民群众、不关心当事人疾苦等问题。所以必须正确处理司法的专业性、严肃性、权威性与人民性的关系。

（一）必须认识司法的专业性、严肃性、权威性的重要性

首先，司法的专业性、严肃性、权威性，是司法审判程序得以顺利进行的重要条件，是当事人地位平等的重要保证。司法是在平等状态下的理性的、和平的、有规则的竞争，如果司法没有严肃性、权威性，就很难保证当事人的对等地位。其次，司法的专业性、严肃性、权威性，是司法裁判得以实现的保障。最后，司法的专业性，是处理重大疑难案件的重要保障。现在60%左右的民事案件还是婚姻、继承、邻里纠纷等一般性的案件，处理这些案件不需要太多的非法律专业知识，但也有相当一部分案件，比如商事案件和涉外案件，涉及的法律关系相当复杂，需要一定的专业知识。

（二）人民性是社会主义司法的本质属性

人民法院的司法审判工作在任何时候都不能脱离人民群众，否则就得不到人民群众的拥护。这是我们必须警醒的。

必须坚持司法审判的群众路线，倾听群众的呼声，从群众中寻求案结事了的智慧，及时了解社情民意，拉近与群众的距离，增强与群众的感情，取得群众的信任，坚持群众路线。这是我们的优良传统，必须坚持。

要树立全心全意为人民服务的意识，对人民群众合法的司法诉求，必须依法予以满足，并尽可能满足人民群众对司法的正当的新要求、新期待。

必须坚持文明司法，对人民群众要尽可能地采取说服教育的方式解决问题，绝不可以要特权、要威风，随意使用国家强制力。

要确保普通群众在诉讼中的地位平等，同时要建立弱势群体的司法救助制度。

裁判必须符合人民的整体意志，符合法律的规定，维护人民群众的根本利益。

要特别注意不得利用司法权来损害人民群众利益，坚决杜绝乱收费、拉赞助等损害人民群众利益的不正之风。

（三）处理司法的专业性、严肃性、权威性与人民性的关系应注意的问题

救助弱势群体是必要的，但不能超越对等原则，不能超越对等地位的要求，导致出现新的不平等，也不能随意动用公共财政资金，损害纳税人权利。

对破坏诉讼秩序和拒不执行法院裁判的，不能无原则地迁就。应当依法制裁的，必须依法制裁，以树立司法权威。

对当事人的诉求，不得违法予以满足，不符合法律规定的，不能无原则地迁就。不能因为出现了涉诉信访，就无原则地满足其不合理要求，否则会带来更多的涉诉信访。

国家和公众不能为违法者和侵权者买单，诉讼费不能太低，应体现出对违法者和侵权者的必要制裁。

不能使违法成本低于守法成本，否则必然鼓励违法，致使法律和司法丧失保护人民群众根本利益的人民性。

六、权利保护与社会资源、社会承受力和社会安定的关系

保护各类主体的合法权利，是人民法院司法审判工作的重要使命。但在保护权利的同时，也必须兼顾社会资源的供给状态，兼顾社会承受能力，不能因为保护特定主体的特殊利益而危害社会安定。

（一）权利保护的重要性以及在司法审判中的重要地位

充分保护人民群众的合法权利，是社会主义国家的重要功能。我国宪法明确规定，国家尊重和保障人权。社会主义必须以更充分的保障来实现基本人权，实现更具有普遍性的社会正义。正义可区分为分配正义、交换正义和矫正正义等。其中矫正正义主要是通过司法审判实现的。对于司法机关而言，其基本社会功能就是保护和救济权利，实现矫正正义。没有矫正正义的存在，权利就不能得到真正的实现。权利的多少不在于纸上写了多少，而在于权利受损后，能否及时得到恢复和救济。没有司法保障的权利是空洞的、不真实的。

（二）权利保护必须与资源的有效供给相适应

权利永远也不能超出特定社会经济结构的制约。权利是靠资源来支撑的，没有资源就没有权利的真正实现。人们有自由的权利，但自由总是有条件的；人们有获得社会保障的权利，而社会保障的权利必须以一定的物质条件为基础。所以，权利的保护必须要与资源的供给相适应。

（三）权利保护必须注意权利与义务的一致性

过去曾经强调以义务为本位，有一定合理性，也有一定局限性。后来更多的人从权利保护的角度出发主张以权利为本位。但必须注意的是，权利与义务应当是一致的，如果没有义务作支撑，权利也将是无法实现的空谈。权利以义务的存在为基础，只讲权利不讲义务是片面的权利观。

（四）权利保护必须强调平等保护

根据马克思主义法律观和社会主义平等观，权利的平等保护不仅要求形式上的平等，而且还要力求事实上的平等。恩格斯在《反杜林论》

中对这个问题作了充分的论述。法律面前的平等是基础，但仅仅在形式上达到法律面前的平等是不够的。应当更多地注意权利的平等保护。平等保护并不是一样保护，不是绝对平等，而是强调机会平等、起点平等、同等条件同等对待。

（五）权利保护必须注意平衡性

不同的权利之间可能会产生冲突，例如，平等是值得保护的价值，而自由也同样是值得保护的价值。如果过分强调平等，就可能会牺牲一部分人的自由，就可能牺牲发展，所以在权利保护上要注意平衡性。任何一种权利都不是绝对的，而要兼顾其他权利。

（六）权利保护不得以危害公共利益为代价

公共利益是社会主义的核心价值，也是最广大人民群众的根本利益所在。任何单位或个人的利益都不能超越公共利益。对特定主体权利的保护不得以危害公共利益为代价。当然，对于什么是公共利益，应准确予以界定，否则也会出现打着保护公共利益的旗号过度损害和牺牲个人权利的危险。

七、依法裁判与案结事了的关系

从革命战争时期到解放后相当长的一段时期，人民法院在处理民事案件中十分重视调解，强调尽可能以调解的方式解决纠纷。随着社会的发展，案件数量逐渐增多，以需要花费更长时间的调解方式来解决数量巨大的案件十分困难，另外实践中也出现了久调不决、强迫调解等问题，因此在司法政策上转而强调依法裁判，提倡当庭宣判，在一定程度上放松了对调解的重视。但这又引发了案结事不了、涉诉信访增多等情况。要正确处理依法裁判与案结事了的关系，理性看待其各自的价值，并适当予以整合。

（一）依法裁判的价值

经过审理程序依法作出裁判，是通过司法方式解决纠纷的最基本、最典型的形式。依法裁判是一切司法活动的根本，具有其不可替代的独特价值。不能因为强调案结事了而忽略了依法裁判的价值。

依法裁判可以在更多场景下、更多案件中使正义得到明确体现，使公正和正义及时得到实现；依法裁判有助于提高法律的权威性，而调解有可能损害法律的权威性；依法裁判有助于维护法律的确定性，而调解有可能模糊法律的确定性；依法裁判可以强化法律的可预见性，而调解有可能弱化法律的可预见性；依法裁判可以强化司法活动的宣教功能，而调解有可能弱化司法活动的宣教功能。

（二）案结事了的价值

尽管对司法的功能有不同认识，但不可否认的是，解决纠纷是司法活动最具体、最直接和最现实的功能。在司法中强调案结事了，具有无可置疑的必要性和合理性。案结事了可以使纠纷得到实质性解决；可能降低当事人的诉讼成本；可以增进当事人之间的和谐；可以减少申诉和缠诉；可以减少执行的阻力，提高自动履行率。

（三）实现案结事了的条件

通过依法裁判的方式处理案件，与通过调解的方式处理案件，各有其利弊。就当前而言，要注意辩证地看待调解的价值，既不能忽视也不能过分强调，应当在依法裁判和调解之间寻找一个最佳的平衡点，以真正做到案结事了。

1. 要尽可能让公正以看得见的方式实现。应注意审判活动的公开性，提高审判的透明度，严格遵守正当程序，注意形象公正，裁判要作到充分说理，使人民群众感受到司法的公正。

2. 要力求法理情的统一。法是国家规范；理是常理、道理；情是国情、民情。在司法审判中，不仅要解开当事人的"法结"，还要解开当事人的"心结"。

3. 要加大疏导协调的力度。无论是通过调解的方式结案还是通过依法裁判的方式结案，都要做疏导协调的工作。既不能强迫调解，也不能简单下判。

4. 要充分运用好调解方式解决纠纷。在调解中应分清是非，坚持原则。不能让奸诈、不诚信的人通过调解占便宜，让真正守法、诚信的人吃亏，也不能让国家、社会公共利益和第三人的利益因调解而受到不适当的损害。

5. 要善于寻求替代性的问题解决方案。

八、和谐司法与司法的严肃性、权威性的关系

构建社会主义和谐社会，是国家的重大战略决策。司法审判工作一方面必须为构建社会主义和谐社会服务，另一方面也必须努力实现自身的和谐。司法和谐是社会主义和谐社会的一个重要方面，在追求和谐司法的过程中，必须处理好与司法的严肃性、权威性之间的关系。

（一）严肃性和权威性是司法审判的基本属性

司法机关是国家机器的重要组成部分，司法权是国家权力的重要分支。司法权威是实现司法功能、发挥司法作用的重要条件，是实施依法治国基本方略的前提和基础。没有司法权威，依法治国就是一句空话，司法功效就会大打折扣。维护司法的严肃性、权威性，对于国家的安全稳定乃至国家的生存，都至关重要。

（二）和谐司法的内在要求

要实现和谐司法，需要在以下几个方面做出努力：

1. 人民法院要最大限度地使社会矛盾和争议得到实质性解决。和谐司法，要求人民法院通过司法审判，使体现人民意志的法律得到一体

遵守和正确适用，使人民群众对国家事务管理活动的平等参与权利得到依法保障和客观实现，最大限度地减少社会纠纷带来的摩擦与内耗，使当事人之间的争议彻底平息，努力做到息诉止争，从根本上化解社会矛盾和冲突。

2. 人民法院要最低限度地使用国家强制力维护社会秩序和稳定。和谐司法，要求人民法院通过司法审判，依法惩罚犯罪，依法平息各种矛盾纠纷，使复杂的社会问题转化为相对明确的法律问题，经过规范的程序加以理性解决。不能过度使用国家强制力，要科学地适用宽严相济的刑事政策，坚持教育与惩罚并举，坚持惩办与宽大相结合，在确保社会稳定的前提下，通过适度的"省刑"、"慎刑"、"恤刑"等方式，最低限度地适用刑罚，最大限度地减少犯罪。

3. 人民法院要最大可能地伸张和维护公平正义。和谐司法，要求人民法院通过公正、高效、权威的司法审判，及时处理人民群众通过诉讼途径表达的利益诉求，保护弱势群体的合法权益，弘扬良好的社会道德风尚，最大限度地维护社会公平正义。

4. 人民法院要最大可能地保护社会成员的基本人权和正当利益。和谐司法，要求司法机关通过司法审判保障公民的权利得到实现，使正当的个人财产和个人利益不受侵害，使被侵害的合法权益得到恢复，矛盾冲突得以缓和平息。

5. 和谐司法要求人民法院与当事人及其他诉讼主体、人民法院内部、人民法院与其他政法机关、人民法院与其外部环境之间的和谐有序。

（三）正确处理和谐司法与司法的严肃性、权威性之间的关系

1. 要重视和谐司法在构建社会主义和谐社会中的重大作用，探索促进社会和谐的工作机制及工作方式方法，慎用国家司法强制力，不能片面强调司法的严肃性和权威性而忘记了司法促进社会和谐的使命。

2. 要正确认识司法审判天然具有的严肃性、权威性，不能因为追求司法和谐而不讲原则、一团和气，是非不分、乱和稀泥，对严重妨害

诉讼和拒不执行法院裁判的行为也不敢使用司法强制力，从而损害司法权威。和谐社会首先是民主法治、公平正义的社会，丧失了严肃性和权威性的司法，非但不能有助于和谐社会的构建，反而有悖于和谐社会的基本要求。

九、改革借鉴与坚持和发扬优良传统的关系

随着我国经济、政治、社会、文化等各个方面的快速发展，现有的司法制度和机制越来越不能满足人民群众日益增长的司法需求，必须进行司法改革。在改革中，既要借鉴和吸收人类司法文明的优秀成果，又要坚持从国情出发，发扬我国优良的司法传统，避免盲目照搬他国司法制度。

（一）要充分认识司法改革的必要性

经济转轨和社会转型亟需司法制度的跟进。现有的司法制度和机制，与我国经济的发展速度和水平以及社会的发展变化不完全相适应，必须进行改革。

司法领域诸多问题的存在，表明我国现有司法制度尚不完善。司法不公、效率不高、司法不廉、执行不到位等问题的出现，说明现有的司法制度亟需改进。

人民群众对司法的新要求和新期待要求我们通过制度改革作出回应。人民群众期望司法审判更加公正地保护其权益。不仅要求实体公正，而且要求程序公正；不仅要求结果公正，而且要求形象公正；不仅要求个案公正，而且要求社会公正。人民群众的司法需求不断增长，按照现有的司法制度和工作机制，已无法有效回应人民群众的要求，必须进行改革。

（二）要认识和重视借鉴吸收的可能性

进行司法改革，不可避免地要借鉴和吸收国外的一些经验和做法，

这是因为：任何事物都是特殊性和普遍性的统一，国外的司法制度有其特殊性，但也具有作为人类社会司法制度的共性，可以为我国借鉴和吸收。国外的某些司法制度，是人类共同的经验和财富，是人类共同智慧的结晶。即使是资产阶级国家的法律制度，其中也包含有人民群众斗争的积极成果。借鉴其他国家的成熟经验，可以节约我们的改革成本，加快我们的改革步伐。历史上不乏通过借鉴他国经验而成功改革的先例。比如日本古代对我国唐朝法律制度的借鉴及其"二战"后对美国法的学习，都是比较成功的。

（三）要认识照抄照搬的非科学性

在司法改革过程中，有必要借鉴他国经验和做法，但必须防止盲目地照抄照搬。法制属于上层建筑，有其特定的社会经济基础和其他社会条件作支撑，没有任何两个国家的法制是绝对相同的，即使相近，也不会完全相同。西方的某些法治观点是对西方法治实践的概括和总结，有其特殊性，并不完全适用于我国。我国特有的国情产生了自身特有的问题，需要特有的法律规范来调整。立法必须对症下药，而不能照抄照搬，否则不但不能解决问题，相反还会带来更多的问题。西方各国的法治理论并不统一，且其本身也在不断变化之中。每个国家的法治理念都有其独特之处，没有两个国家是完全相同的。例如，英国强调自然理性、自然公正，越权无效；美国强调正当程序、违宪审查；而德国则强调法律保留和法律优先。任何制度都需要相应的生存环境，某些在一国行之有效的制度，引进到另一个国家后并不总是能够有效地运行。

（四）要充分认识坚持和发扬我国优良传统的必要性

进行司法改革，是为了解决不能适应人民群众司法需求的问题，这决定了只能改革现有制度和机制中有问题、有缺陷的地方，而不能抛弃优良传统。必须坚持我国司法制度的自我完善和自我发展，而非完全推倒重来。必须坚持社会主义司法制度的本质特征，也就是坚持中国特色社会主义，坚持司法制度的人民性。必须坚持我国司法制度的优越性，主要是坚持人民性和协调性。各政法机关之间不是绝对的鼎立，而是协调一致，既相互制约，又相互配合。必须坚持人民司法便民、惜民、护民的优良传统。必须坚持实践证明正确的制度和机制。

十、独立审判与接受领导和监督以及强化司法管理的关系

独立审判是必须坚持的宪法原则，但同时也要处理好与接受党的领导、接受监督，以及强化司法管理之间的关系。

（一）独立审判的意义、价值和必要性

独立审判是人民法院实现司法公正的必要条件，其本身即具有重要价值。独立审判有利于树立公正形象，有利于得到国际社会认同，促进国际经济交流与合作。独立审判有利于当事人树立获得公正审判的信心和信念。

（二）独立审判价值的非终极性

独立审判的价值并不具有终极性。审判独立的目的在于审判公正，公正才是司法审判的终极目标。在此意义上，独立只是一种手段、途径、措施，而非最终目的。审判独立是公正的必要条件，而不是充分条件；是一个条件，而不是全部条件。要实现公正，还需要其他条件。

（三）接受领导和监督的必要性

我国的国体和政体决定了人民法院的司法审判活动必须接受党的领导，必须接受权力机关的监督、检察机关的法律监督以及人民群众以其他合法的方式进行的监督，同时还必须强化司法管理，接受上级法院的监督指导。独立审判并不意味着审判人员可以任意裁判，并不意味着审判人员可以拒绝合法、正当的监督和制约。实践证明，在审判人员素质尚不理想、审判程序的正当化程度尚不高、司法环境尚不尽如人意的情

况下片面强调独立审判，同样会导致审判权的滥用，因此有必要加强领导、监督和管理。

（四）正确处理独立审判与接受领导和监督以及强化司法管理之间关系的基本准则

领导、监督和管理必须遵守法定的方式、法定的权限和法定的程序，依法进行；必须注意克服行政化的倾向，不能命令审判人员为一定行为或不为一定行为；不得违反宪法确立的独立审判原则；不得利用领导权、监督权和管理权谋取私利。

第三章　司法审判之基本关系

近几年来，相对滞后的司法功能与人民群众日益增长的司法需求之间的矛盾逐渐成为影响和制约人民法院发展的主要矛盾。面对日益复杂多变的国内、国际经济社会发展的新形势、新问题、新挑战，人民法院在驾驭治安局势、维护社会稳定上，在协调矛盾关系、促进社会和谐上，在保障合法利益、推动依法治国上，在兑现裁判权益、维护司法权威上，在加强司法合作、加快自身发展上，仍然显得与经济社会的发展不相适应，与国家和人民群众对新时期司法工作的基本要求不相适应。① 破解这一难题，首要的就是必须正确处理好审判过程中涉及的一系列基本关系，通过观念更新和理论创新，引领审判实践与司法改革在重重困难中破雾穿云，全面有效地发挥司法审判职能，彰显司法公信与司法权威。

一、事实审与法律审的关系

诉讼要解决的基本问题有两个：一是认定案件事实，二是适用法律。这两个基本问题可以用事实审和法律审两个概念来概括。在英美法系，法律审具体分为以下几种情况：（1）在有陪审团参加审理的刑事和民事案件中，陪审团对诉讼中涉及到的事实问题（issue of fact）进行裁断；法官在陪审团认定的事实的基础上决定适用法律的问题（issue

---

① 参见江必新主编：《科学司法观初探》，团结出版社 2006 年版，第 1 页。

of law）；（2）在陪审团参加审理的案件进入上诉审程序中，上诉审法院原则上仅审查法律适用的问题，而不审查案件的事实部分；（3）最高审级法院审理的许可上诉案件中，法院通常对具有普遍法律意义的案件给予当事人以上诉权，而且对此类案件的审理仅仅针对相关法律问题。而在大陆法系，其刑事诉讼和民事诉讼大多实行三审终审制，在第二审中，法院通常既审法律问题又审事实问题，只有在第三审中，才原则上实行法律审，当事人只能针对适用法律的问题提出异议，法院也只审查原审在程序法和实体法的适用上有无错误。① 可见，法律审是指上诉审法院只在原判决认定的事实基础上进行法律判断，审查原审裁判在法律适用上是否正确，并不重新认定案件的事实，也不审查原判决对事实的认定是否妥当。从法院审理的权限角度来看，法律审案件只是指英美法系最高审级法院审理的许可上诉案件和大陆法系法院审理的第三审案件。法律审法院的审理权限仅在于法律问题的审理和判断，而事实问题的审理和判断的权限在第一审法院和第二审法院。法律审制度的实施，能够协调好上下级法院之间的关系，有助于完善司法救济程序，有利于保障法律适用的统一性，保证司法公正目的的实现。

从事实审与法律审关系的角度来看，西方国家（特别是英美法系）与我国在审级制度上形成了两种不同的模式：西方国家属于金字塔形的"圆锥形结构"，强调在初审阶段实行"彻底的事实审"，对上诉审除了严格限制案件数量以外，还注重对重大、疑难、普遍法律问题的审查，以发挥上级法院维护法律统一适用甚至司法造法的功能。而我国具有"圆柱形结构"的特征，即所谓"上下同样粗"，无论是初审还是复审，都不严格区分事实审和法律审，注重对案件事实问题的反复审理：基层法院审理的案件最终可以打到最高法院，而最高法院审理的内容与基层法院可能完全相同；一审审理的所有事实问题和法律问题都在二审的明示或者暗示的审理范围之内；再审可以审理一审、二审审理过的事实问

---

① 参见王以真主编：《外国刑事诉讼法学》，北京大学出版社 1994 年版，第 353 页。

题和法律问题；再"再审"可以审理一审、二审、再审审理过的事实问题和法律问题；一审、二审、再审、再"再审"都可以接受新证据……①

事实上，造成我国审级制度形成"圆柱形结构"的原因之一是在现行的两审终审制度下，"彻底的事实审"缺乏存在的空间。在一审没有建立彻底的事实审的情况下，事实认定方面的漏洞必然留给二审；在二审要么不开庭审理，要么进行简易审理的情况下，防止误判的使命势必最终留给再审法院。甚至在全部普通救济途径已经用尽的情况下，各级法院为避免可能的错案，还可提起再"再审"。这样，人为地把一审的内容提到了第二审、再审甚至再"再审"，不仅造成了高昂的诉讼成本，而且更刺激了当事人把案件提到上级法院审理的需求，使全国的法官虽被申诉信访工作折磨得筋疲力尽，却又无济于事。大部分审判力量用在查清本应在一审固定下来的事实上，然而事实上上级法院乃至最高法院在查清案件事实方面并不比基层法院有多少优势。结果，作为避免误判的第一道"防火墙"，第一审程序不仅无法发挥"彻底的事实审"的功能，反而将事实误判的风险通过审级设置层层转移，使二审法院乃至最高法院都不得不承担着日益沉重的事实审的负担。② 由此看来，正确处理好事实审与法律审的关系，将我国的"圆柱形结构"审级模式削为"圆锥形结构"，即对我国第一审程序进行全面的改造，使之变成"彻底的事实审"，使上一级法院侧重于纠正初审法院判决在法律适用上的错误，保障对既存法律适用与解释的正确性和个案当事人获得公正判决的权利，最高法院则更关注法律的统一解释，以保证对整个司法体系作出统一的、权威的、先例性的司法判决，实为重新调整上下级法院关系、重构审级制度的必由之路。

---

① 参见蒋惠岭：《"圆柱"何时削为"圆锥"》，载《人民法院报》2010 年 4 月 30 日。
② 参见陈瑞华：《什么是"彻底的事实审"》，载《人民法院报》2010 年 4 月 30 日。

二、裁判的合法性与可接受性的关系

马克思说过："法官除了法律就没有别的上司。"① 裁判的合法性是司法裁判必然要求和应有之义，是司法裁判权运作的基础和前提条件。然而在我国，随着十七大以来法院司法观念的转变，为了应对"千方百计上京城"汹涌的"信访洪峰"，裁判的可接受性问题成为当前司法研究的持久性课题。反对者认为，合法性、公正性是裁判基本的要求，既然达到了该要求，就没必要再提出裁判的可接受性，否则可能影响法律的安定性；而且，法律是公众的意志，这种公众意志的质量更具有优越性，公众意见有非确定性、非民主、非理性因素，其有不同的利益诉求，引入可接受性，难以确定到底要满足谁的利益诉求。赞成者认为，法律有缺陷，立法者的意志应该与时俱进，法律是制裁标准，是间接民主，但现代民主强调的是直接民主，所以除了合法性、公正性外，有必要提出裁判的可接受性；而且，社会现实强调司法有多元化的要求，良善司法有多方面的标准，合法性和公正性是一个方面的要求，而不是全部要求。笔者认为，鉴于可接受性本身就是不确定的概念，应该有限制地引入裁判的可接受性。因为，现代公权力运作，不管在司法、立法、行政领域，都有可接受性要求，应多采用积极性的手段来促使公权力运作被接受；从司法现实来看，有很多当事人不满意的裁判在合法性和公正性上并不存在问题，但当事人却申诉、缠诉不止；从理论上看，上述争论问题的核心是裁判的合法性、公正性能否涵盖裁判的可接受性，但是现实上却很难涵盖。且合法性和公正性是裁判的重要价值目标，但不是裁判的唯一目标，所以不得不研究和有限制地引入裁判的可接受性。而要做到这一点，则需要多方面的系统的筹划：一方面，在做到裁判结果与结案方式的可接受性基础上，努力做到过程与程序的可接受性。鉴于过程与程序的公正有助于实现裁判结果的可接受性，应在程序正当性

① 《马克思恩格斯全集》第1卷，人民出版社1995年版，第180－181页。

上做完善的设计，如强调程序的中立性、平等性、效益性、合逻辑性及参与方程序权利的充分性等；另一方面，强调司法人员作风态度的可接受性，如要注意作风态度的内敛性、公众性、情感性、世俗性、回应性及服务性等。

尽管在实现裁判的合法性与公正性的同时，也就在很大程度上实现了裁判的可接受性，但是，若有限制地引入裁判的可接受性，就必须处理好其与裁判的合法性的关系：一是应用法律解释规则、判断余地权、自由裁量权以及调解和解机制，合理地进行价值判断和利益衡量，进行司法后果论证，挑选出最有效、最优越、最易被接受的裁判结果，并要注意讲理的技巧、理由的选择及选择好宣判的时机。二是处理好个案公正与社会公正的关系及主观公正与客观公正的关系。如为了让当事人充分了解裁判的理由，裁判文书应客观充分并以当事人能够理解的方式进行表述；通过法外对个案公正的不足进行补救，以求主观公正与客观公正的统一。三是处理好维护法律权威和亲民司法的关系，保持司法严肃性的底线；在分清是非、赏罚分明的基础上，发挥好裁判的纠纷解决功能与行为指引功能。四是处理好降低成本与正确运用诉讼费功能的关系、诉讼费私人承担与国家承担的关系，以发挥诉讼费的案件调节功能，减少国家成本与纳税人的成本，增强诉讼成本（包括国家成本和私人成本）的可接受性。五是正确判断和对待民意。有一种意见认为，民意是大众意思的直接、鲜活表达，而法律则是间接、先前的意思表达，故民意能够成为裁判的依据。而反对者认为民意是非系统的表达，其可能是当事人或个别利益集团的局部意思表达，而法律是系统的意思表达，立法必须对各种价值进行衡平，故民意不能成为裁判的依据。笔者认为，首先还是应维护法律的严肃性和确定性，并应对民意进行认真的考察，如果民意是真实的且反映了时代的、合理的、主流的价值观的话，应该得到尊重，但是这种尊重一般情况下只能是在自由裁量权以内、在法律许可的范围内予以尊重。

三、审判质量与审判效率的关系

审判质量是指人民法院在案件的审判和执行方面应当符合司法公正的要求，不仅程序要公正，结果也要公正。审判质量是司法公正的根本或关键，是"法院工作核心的核心"。[①] 因为，审判起源于社会冲突，其目的是通过合理地解决社会冲突，调整被破坏或扭曲的权利义务关系，实现社会的公平和正义。审判的功能意义逻辑地、内在地要求必须把公正作为其最高价值。审判质量如何，不仅直接关系到当事人的切身利益，而且影响全社会和人民群众对人民法院的评价。但是在现代社会中，审判质量并不是审判唯一的价值追求，审判还必须关注其他价值，其中最重要的就是审判效率。审判效率是效果与速度的统一，主要考察的是审判的投入与产出之间的关系。追求效率是市场经济的本质特征之一，它要求以最低的成本实现资源的最优配置。而"没有合适的法律和制度，市场就不会产生体现任何价值最大化意义上的'效率'。"[②] 所以，审判必须以效率为重要目标之一，及时、有效地对社会资源进行公平分配，使之达到收益的最大化。这是审判效率价值存在的独立意义。审判效率由以下两个指标来衡量：一是诉讼时间的缩减，以最快的速度终结案件，即"诉讼及时"；二是诉讼尽可能地"经济"，尽量降低诉讼的成本，减少处理案件的成本。从审判质量与审判效率的关系来看，一方面，审判质量是审判效率的前提和基础，对审判效率的追求不应当危及审判质量。即必须明确审判质量是第一性的，审判效率是第二性的，一般情况下不能牺牲审判质量来追求审判效率。但是，另一方面，没有效率的质量是没有价值或价值大打折扣的质量。据悉，印度首都法院所积累的案件按现有的人员和速度，要到 466 年以后才能全部审结。

---

① 1999 年 11 月的《全国民事案件审判质量工作座谈会纪要》强调案件的审判质量是"法院工作核心的核心"。

② ［美］布坎南：《自由、市场和国家》，吴良健译，北京经济学院出版社 1988 年版，第 89页。

如果一个案件要到 466 年以后才能审结，裁判即使再公正，质量再高，又有什么意义？当前，随着现代社会权利的不断衍生以及民众权利意识的高涨，社会矛盾纠纷呈现出不断增长的趋势，审判工作面临着前所未有的压力。而法院现有审判力量不足，审判资源配置也存在着不尽合理之处，以致案件积压、超审限现象比较突出，严重影响了法院的司法权威、司法公信和司法形象。因此，在审判实践中，在确保审判质量的同时，必须把追求审判效率摆在重要的位置，努力做到两者的有机统一。①

一般而言，为了保证案件的质量，做到司法公正，程序设计相对来讲要更复杂、办案期限也要更长一些，国家和当事人都要为此支付更多的人力与物力，从而与审判效率发生一定程度的冲突。解决冲突的途径就是，针对不同的案件采取不同的程序处理，从而达到质量与效率双赢的结果。比如，根据案件的性质、复杂程度、取证难易等设置不同的程序，重大、复杂、疑难的案件适用普通程序；简单、双方争议不大的案件可以适用简易程序；当事人双方达成合意的，还可以运用更为简便的程序。在设计诉讼程序时，要充分挖掘现有司法资源，最大限度地缩短程序运行的时间；法院在审理案件时，要在保证案件审理质量的前提下尽可能缩短办案时间，做到迅速办案、结案，避免纠纷长时间滞留于社会，以及时保护当事人的合法权益。鉴于在诉讼过程中，国家和当事人必然要消耗一定的经济费用，法院要投入一定的物力资源，当事人则要支付案件受理费、律师费用等必要的开支，可以通过司法程序运行简易化、纠纷解决机制多元化、强调通过调解解决纠纷等方法，也可以健全完善相应制度来降低和节约诉讼成本。例如，将当事人诉讼行为的合理化程度作为诉讼费分担必须考量的因素，制裁、限制当事人浪费诉讼资源的行为，促进诉讼成本公平合理分配，以节省司法资源，降低诉讼成

---

① 参见公丕祥：《关于审判质量效率评估体系的初步思考》，载公丕祥主编：《审判管理理论与实务》，法律出版社 2010 年版，第 13 - 14 页。

本，从而实现司法资源的更好利用，达到提高审判效率的目的。另外，还可以在经济成本不变的情况下，通过一个诉讼程序解决多数当事人的纠纷（诉的主观合并）或多起案件合并（诉的客观合并）进行审判，即诉的合并方式来提高审判效率。①

四、实体公正与程序公正的关系

实体公正是指裁判结果的公正，是指法官对案件事实做出正确认定并将相关的实体法正确适用于所认定的案件事实。程序公正主要是指诉讼过程的公正，诉讼参与人在诉讼过程中所受到的对待是公正的，所得到的权利主张机会是公正的。程序公正的首要价值是对实体公正的保障价值，正如古语所言的"兼听则明、偏信则暗"，公正的程序有助于法院公开听取双方的不同意见而作出对事实与法律争议的正确判定。同时，程序公正还具有独立于实体公正的价值，如程序公正具有推定实体公正、达成共识息诉止争、提升效益和公信及促进法治的功能。

至于如何处理实体公正与程序公正的关系，理论探讨众说纷纭："相辅相成说"认为二者是司法公正的两个方面，应统筹兼顾；"区别说"认为二者是司法公正的两个相互区别的价值标准，坚持程序公正并不必然导致实体公正，获得实体公正也不必须遵循程序公正；"对立冲突说"认为二者在特定情况下不仅相互区别而且相互对立或冲突，追求程序公正可能会伤害实体公正，而坚持实体公正又可能牺牲程序公正。在制度设计上，世界各国对实体公正与程序公正的关系所作出的取舍亦不相同，有时甚至大相径庭：一种极端的做法是片面追求实体公正，忽视程序公正。认为没有实体公正就没有司法公正，无论程序或手段如何，只要结果是公正的，就是司法公正。这曾经是大陆法系国家确立诉讼制度的主导思想，直至现在依然影响深远。另一种极端的做法是

---

① 江必新：《科学司法观刍议》，载江必新主编《科学司法观初探》，团结出版社 2006 年版，第 12-13 页。

片面强调程序公正，认为程序公正绝对优先于实体公正，甚至以牺牲实体公正为代价也在所不惜。这是在普通法系国家重视程序规则的司法传统基础上发展起来的，美国的司法制度堪称代表。[1]

在实体公正与程序公正这两种公正中，马克思、恩格斯首先关注或者说他们特别关注诉讼的实体公正，因为实体公正最直接或更直接地关系到无产阶级的利益，是事物的主要矛盾。但是，马克思、恩格斯又不因此而忽视诉讼的程序公正，相反，在他们看来，程序和实体源于"同一种精神"，实体公正与程序公正应当并重。[2] 最高人民法院也强调，要统筹兼顾程序公正与实体公正的关系，既要防止因片面追求程序正义而"机械司法"、"一判了之"，同时也要防止无视程序，侵害当事人诉讼权利。[3] 笔者认为，实体公正和程序公正二者不可偏废，实体公正应该是司法所追求的根本目标，程序公正则是实现实体公正的措施和保障。程序公正与实体公正相比，实体公正仍然是第一性的，程序公正是第二性的，当两者发生矛盾时，首先要维护实体公正。程序是为实体服务的，程序有其独立的价值，但这种独立的价值不能过分地夸大。程序公正并不等于实体公正，公正的程序不一定百分之百地导致实体公正。只有当程序能够实现实体公正的时候，这个程序才能够称为是公正的，也才有价值可言。我们应强调实体公正与程序公正相统一，在一如既往地坚持和维护程序公正的同时，应当尊重普通民众执着于实体公正的情感，不要忘记诉讼制度的根本目的，不要忽略当事人寻求司法救济的本意和国家设置诉讼制度的宗旨。在强调实体公正的时候，应处理好主观公正与客观公正的关系，把形式公正和实质公正有机统一起来；在强调程序公正的时候，要具备中立、科学、完整、透明、对等、充分等正

---

① 参见百度百科：《司法公正》，载 http：//www. baike. baidu. com/view/1998136. htm，2010年11月25日访问。

② 参见李建明：《马克思、恩格斯关于诉讼程序公正的思想》，载《美中法律评论》2005年第4期。

③ 参见王胜俊：《人民法院工作要做到"五个统筹兼顾"》，载 http：//www. news. sohu. com/20080622/n257661471. shtml，2010年11月25日访问。

当要素。任何以实体公正为由排斥程序公正价值的做法，必须坚决予以纠正；任何以程序公正为由掩盖实体不公的裁判现象，必须予以有效遏制。

五、客观真实与法律真实的关系

司法裁判中的事实问题是司法上由来已久且最难解决的问题之一。日本著名的刑诉法学者团藤重光教授曾指出："真正绝对的真实，只有在神的世界才可能存在，在人的世界中，真实毕竟不过是相对的。诉讼领域中的真实当然也不例外"。[①] 正因为如此，对于裁判所依赖的事实与原发的案件事实到底是何关系，历来是一个众说纷纭的话题，主要有两种观点：一种观点认为，裁判者认定的事实就是原发的案件事实，即"客观真实"；另一种观点认为，裁判者认定的事实不是原发的案件事实，而是法律意义上的真实，即"法律真实"。作为一种传统的观点，"客观真实"的主张者大多认为，凡已发生的案件，必然会在外界留下各种物品、痕迹或为某些人所感知，这就为我们查明案情真相提供了事实依据，加之日益完善的程序法规范也为查明案件事实提供了规范依据，因而能够发现案件的客观真实。随着法治进程的日益深入和现代诉讼理念的逐步确立，加上这种"客观真实说"及其支配下的诉讼程序容易导致诉讼效率低下，并最终影响了司法公正的实现，"客观真实说"已经越来越受到学者的质疑和批判。不少学者在反思"客观真实说"的基础上，提出了"法律真实说"的观点。在这些学者看来，"在绝大多数案件中，司法实际上是依据在法定范围内认可的并为一些证据所支持的事实，即法律事实而决定的"。"尽管法律事实可能与客观事实近似，但并不总是相等，甚至总是不能重合"。[②]

由于诉讼活动揭示案件事实的过程是一种回溯性证明过程，正如古希腊唯物主义哲学家赫拉克利特所言："人不可能两次踏入同一河流。"

① ［日］团藤重光：《刑事诉讼中的主体性理论》，载《法学家》1988 年第 4 期。
② 转引自李奋飞：《对"客观真实观"的几点批判》，载《政法论丛》2006 年第 3 期。

再现客观真实有时难以完全实现或者难以准确完成，唯一留下来的只是证据证实的、后来推理出来的法律真实，强调从客观真实到法律真实的演进具有一定的积极意义。但是完全否定客观真实，认为诉讼只能是遵循法律真实，除了法律真实以外，没有客观真实的观点也是非常有害的。因为，首先，客观真实是客观存在的、是可知的。如果认为不存在客观真实那就会陷入不可知论，这与辩证唯物主义是背道而驰的。其次，法律真实不能完全脱离客观真实。如果法律真实不能反映客观真实，或者不能在多数情况下符合客观真实，那么这样的法律真实有何价值、有何正当性呢？以此为根据来判案怎么能令人信服接受呢？最后，过分地强调法律真实，有可能脱离客观实际，为法官主观臆断案件事实开了一个十分有害的口子，从而导致更多低标准案件甚至错案的产出。因此，虽然在任何时候都看重客观真实而忽略法律真实是不恰当、不合理的，但法律真实的证明要求绝不是对客观真实全然否定，不能脱离客观真实而追求法律真实，也不能以模糊的法律真实否定发现客观真实的必要性。客观真实是裁判的基础，应力求最大限度地寻求客观真实，尽量缩小法律真实与客观真实的差异，为公正司法提供事实根据；法律真实是实现客观真实，从而实现实体正义的手段，其是在无法探求客观真实的情况下，才不得不接受的一个结果，不能被当作追求的目的，或者当作主要的追求目的。故应把握好客观真实与法律真实的关系，做到二者的辩证统一：首先，必须坚持客观真实第一性、法律真实第二性原则。在任何时候都要尽可能地恢复事物的本来面目，只有在没有办法恢复客观真实的情况下，才通过法律真实来解决案件，终结纠纷。其次，当遇到疑难复杂案件真假虚实难以判断的情况下，一定要正确运用举证责任规则，如举证责任的分配、转移及举证责任的完成、标准等。举证责任承担者如果举不出足以让人信服的证据，或者不作出合理的解释的话，那么就要承担败诉的后果。最后，审查证据的时候，一定要处理证据的客观性与合法性的关系，特别是对非法证据排除的时候，一定要注意把握分寸，注意其违法的程度。凡是严重违法，尤其对那些违反宪法、严重侵犯人权的方式取得的证据必须坚决排除；而对那些与案件定性具有密切关系又事关重大的轻微瑕疵证据，则不宜排除。

六、法律效果与社会效果的关系

两千年前，著名罗马法学家塞尔苏斯（Celsus）说过："认识法律不意味抠法律字眼，而是把握法律的意义和效果。"[①] 法律效果是指法律规范被准确地适用于具体案件，使人民的意志在个案中得到实现。社会效果是指裁判的客观公正性被社会所认同，并对社会的发展与稳定产生积极影响。法律效果倾向于法律的证明，侧重于法律条文的准确适用；社会效果倾向于法律价值的实现，侧重于司法目的的实现。一个良好的裁判既应有良好的法律效果，同时也应有完美的社会效果。要处理好法律效果与社会效果的关系，必须注意处理好以下三个问题：

第一，既要认识法律效果的必要性，又要看到社会效果的重要性。一方面，司法者必须首先注重法律效果，必须明确法律效果是第一性的，社会效果是第二性的。因为所谓法律效果就是要依法办事，从而实现法律所追求的目的，而法律涵涉着全体人民的利益（包括现实利益和根本利益），是人民意志的集中体现，按照法律办事实质上就是按照人民的意志办事。虽然从逻辑上说，社会效果既可以通过法律获得，也可以在法律之外获得，但在司法中寻求社会效果应当主要通过法律或在法律之内实现，只有在特殊情况下，并在严格的规则和程序导向下，才可以"变通适用法律"。另一方面，司法者必须同时关注社会效果。这是因为法律是用来调整社会关系的，是用来解决社会问题的，法律的终极目的是为了实现社会的福利，[②] 仅机械执法而不注意社会效果就难以

---

① 转引自孔祥俊：《论法律效果与社会效果的统一——一项基本司法政策的法理分析》，载《法律适用》2005 年第 1 期。

② 托马斯·阿奎那多次指出："法必须以整个社会的福利为其真正的目标。"［意］托马斯·阿奎那：《阿奎那政治著作选》，马清槐译，商务印书馆 1963 年版，第 106 页。卡多佐认为："法律的终极原因是社会福利。"［美］本杰明·卡多佐：《司法过程的性质》，苏力译，商务印书馆 1998 年版，第 39 页。

全面实现法律的目的。特别是我国正处于社会矛盾的突发期，如不注意社会效果，法律实施过程中可能会与社会生活产生冲突，反过来损害法律的权威性，破坏人民群众对法治的信仰。

第二，既要看到法律效果与社会效果的一致性，又要看到法律效果与社会效果的差异性。法律效果与社会效果具有一致性。这是因为：法律是人民意志的反映，而社会效果又表现为人民对法律适用的评价。法律效果与社会效果是相统一的，法律效果本身就包含一定的社会效果，社会效果应是法律效果的延伸，不能把法律效果与社会效果绝对对立起来，不能用法律效果去否定社会效果，更不能用社会效果去否定法律效果。同时，法律效果与社会效果又具有质的差异性，不能互相取代。造成这种差异的原因：一是法律本身的缺陷，法律是社会生活的模拟，但法律又绝不是社会生活的完整复制，法律在颁布之时就已经落后于社会。二是社会生活本身的复杂性，法律是僵死的，而社会生活是鲜活的，任何复杂的法律都难以规范复杂的社会。三是认识的局限性，人民群众对法律理解上的偏差和误解，使其可能误认为法院枉法裁判；主观公正与客观公正、程序公正与实体公正的差异也易使人们对法律适用的评价偏离法律的本意。

第三，既要兼顾法律效果与社会效果，又要为法律效果与社会效果的统一创造条件。一是要牢固树立法律效果与社会效果统一的观念。必须准确地把握法律的优越性与局限性。只有充分认识法律的优越性以及法律的权威性对于社会管理和调控的必要性和重要性，才能高度重视司法中的法律效果；只有准确地认识法律的局限性以及机械司法的危害性，才能高度重视司法的社会效果。二是要把"统一"的精神贯穿于司法的全过程。司法人员必须全面、准确、完整地把握法律规范的原意和精神，必须在审判过程中更多地注意社会效果，研究人民群众对判决的接受程度，尽可能地正确使用自由裁量权，尽可能地使裁判符合实质正义的要求，减少执行裁判的障碍，让法律发挥更大的社会效益。三是要为法律效果与社会效果的统一创造制度环境。如完善立法程序，使法律更加贴近于现实生活，尽可能地缩小法律与社会的距离；建立科学的法律解释制度，使法律在不经常修改的情况下得以能动地适应社会的变化和发展；建立具有一定张力或弹性的法律适用规则，使法院得以在可能的范围内有规则地填补法律漏洞等。

七、审判制度改革与遵循法律规范的关系

80 年代中后期，在我国法院系统开始进行以审判方式改革①为突破口的审判制度改革，首先出现在民商事审判领域内，继而在刑事审判和行政审判领域内逐渐展开。改革的动因在于计划经济条件下形成的陈旧观念和习惯做法，影响了对法律规定的诉讼程序制度全面准确的理解和执行；慢节奏和长周期的审判方式，不能适应市场经济的发展和实现司法公正、高效的要求。改革的目的是弱化职权主义，强化当事人主义并确立控辩式审判制度。随着新法的颁布实施及诉讼法的修订，以上问题已得到明确，学界也已脱离了初期对当事人主义和职权主义两种诉讼模式优劣的简单比较，而更为重视对程序内容的研究。现在的审判制度改革内容已变为"依法强化庭审功能，强化合议庭和独任审判员的职责，提高办案质量和办案效率，扩大办案的社会效果，加强对人民合法权益的司法保护"。最终目的是为了保障法院独立、公正行使审判权，严格执法，实现司法公正。总体上说，我国所进行的审判制度改革虽然取得了一定的成效，但由于这种改革缺乏理论准备和整体思路而又过于零散、不成体系，使改革中对于改什么、如何改、要达到什么目的等关键问题认识不一致，各地法院"各显其能"，先后推出了各式各样的"改革"措施。然而，不难发现，部分法院在超越现行法律和司法解释之上进行诸多"改革"尝试与严格遵循法律规范之间存在着冲突，不仅

---

①　审判方式，简单地说就是指由于法官和当事人在诉讼活动中所处的地位和发挥的作用不同而形成的审判案件的方法和形式。审判方式改革实际上是诉讼体制的改革，是一种结构性变革。参见景汉朝、卢子娟：《审判方式改革实论》，人民法院出版社 1997 年版，第 5 页。

没有解决司法制度所要求的实体正义问题，而且影响了国家法制统一和尊严，造成了审判秩序混乱。如有的法院采取分管院长、庭长列席合议庭制度，对案件审理实行判前监督，① 强行超出当事人上诉请求和理由的范围进行扩大审理，片面强调"完全由当事人举证"等，这些做法实际上与现行法律规定不相吻合。

其实在审判制度改革初始，理论界及实务界大多数人都主张必须坚持合法的原则，如最高法院领导多次强调"法院改革有自身的特点，必须在宪法和法律规定的范围内积极稳妥地进行。法院改革必须遵循合法原则，有利于法制统一原则，便利群众诉讼和便利审判原则，保护当事人合法权益原则，循序渐进。只有这样，才能使法院的改革沿着正确的轨道健康地向前发展。"② 审判制度改革必须在依法的前提下，在法律规定的范围内进行，而不是改革现行法律，更不是离开法律或突破法律另搞一套。这里应注意克服两种错误的认识：一是认为在法律规定范围内进行改革会束缚改革的开展；二是以严格遵循法律规范为由而不进行改革。人民法院代表国家行使审判权，首先就要求其司法程序必须合法。否则，其提出的改革措施以及建立的相关制度，都将因其违法而被否定。同时，法律规范的特征本身就决定了其不可能十分具体、周到，有些内容不能适应审判实践的客观要求，这在客观上为我们进行改革提供了空间范围。对此，在改革中正确的做法应该是：法律有明文规定的，区别强制性规范和任意性规范，对于强制性规范，严格按照法律规定执行，对于任意性规范，根据改革的需要，结合立法精神和原则来执行；法律没有规定的，以改革的总目标为指导原则，积极探索、大胆创新，但属于"法律保留"范围内的事项或应经由法定机关授权的事项，在改革之前必须先取得合法授权或报请批准后先行试点；对于改革中遇到的法律规定不合理、不完善等问题，要通过调查研究，提出意见，以

---

① 参见《昔阳法院强化质量监督》，载《人民法院报》1999年5月19日。

② 分别参见《中华人民共和国最高人民法院公报》1994年第1期，第32页；1994年第4期，第122、144页。

期通过法律修改或司法解释的途径解决。

八、独立审判与审级监督指导的关系

独立审判是指行使审判权的法院和法官依据对案件事实的判断和对法律的理解独立地审判案件，不受非法干涉。没有独立审判，就没有现代意义上的司法制度。对此，美国法学家亨利·米斯曾有过十分精辟的论述："在法官作出判决的瞬间，被别的观点，或者被任何形式的外部权势或压力所控制或影响，法官就不复存在了……法院必须摆脱胁迫，不受任何控制和影响，否则它们便不再是法院了。"[①] 然而，不受制约的权力必然会产生腐败，独立审判的目的仅在于保障法官忠实地执行法律，强调独立审判的同时必须保障理性化的司法监督，建立健全一定的监督制约机制，其中，审级监督指导就是该监督制约机制中的重要一环。依据现代审判理念和程序保障的要求，设置审级制度的根本目的在于为案件提供一个纠错的保障机制，以便充分保护当事人的合法权益并确保法律的正确实施及审判权的正确行使，而这一根本目的的实现则是以上下级法院在审判案件时彼此独立为前提的。否则，如果彼此之间是一种领导与被领导、支配与被支配的关系的话，那么，下级法院便应当与上级法院"保持一致"，在处理案件时则应当按照上级法院的"指令"行事。这样一来，审级之间应有的区别与界限便将不复存在，对当事人合法权益的诉讼保护机制更将因此而"坏死"。[②] 所以，上下级法院之间应该是各自独立、各负其责的审级上的监督与被监督关系，而不是层级上的领导与被领导关系。上级法院除通过诉讼程序对下级法院进行审级监督指导外，应着力维护和保障下级法院独立自主地依法审理和裁判案件。

然而，在我国司法实践中个别法院或法官在有意或无意之中曲解了

---

① 转引自王金大、金飚：《论司法公正的保障机制》，载公丕祥主编：《思考与探索：我们走过的路——江苏法院优秀学术论文选（上）》，中国法制出版社 2008 年版，第 44 页。

② 赵钢：《正确处理民事经济审判工作中的十大关系》，载《法学研究》1999 年第 1 期。

独立审判与审级监督指导的关系，上级法院审级监督指导功能局部发生变异。如上级法院通过批示和批复等来领导下级法院的审判工作，下级法院对于应当由自己作出裁判的案件，不是独立地裁判，而是频繁地向上级法院请示，要求上级法院给出有关裁判结果的指导意见。除了这种被美化为"非程序性的审判工作监督"的请示制度之外，上级法院也可以因为下级法院正在审理的案件具有"重大影响"而主动地对下级法院加以"指导"，更可以要求下级法院在案件审理过程中向其汇报案件的审理情况甚至主动发出处理案件的"指令"等。这种沿袭行政式管理模式的做法不仅违背了不同级别法院各自依法独立行使审判权的司法原则，同时也侵犯了当事人通过上诉和申请再审渠道质疑原审法院裁判、谋求司法救济的权利，使法律规定的两审终审及审判监督制度形同虚设。因此，应处理好上下级法院之间独立审判与审级监督指导的关系，明确上级法院在审判业务上对下级法院监督指导的范围与程序，构建科学的审级制度和管辖制度，保障各级法院依法独立公正地行使审判权。大力解决法院上下级关系的行政化问题，上级法院不能对下级法院发命令，尤其不能对审判活动发命令，且上级法院对下级法院监督指导的范围、方式和程序应当符合法律规定；在相关移送管辖制度的飞跃上诉制度未建立之前，下级法院向上级法院的请示原则上只限于法律适用问题，不能以事实问题进行请示；应尽快建立允许下级法院将适用法律疑难的案件移送上级法院管辖的制度和飞跃上诉制度，将具有普遍法律适用意义、新类型等案件，书面报请上一级法院审理，形成有示范效应的案例来间接指导下级法院审理类似案件；应把独立审判权真正归还于下级法院，让其在法定职权范围内依法履行自己的职责，即使下级法院作出的裁判存在问题，上级法院也只能通过上诉程序或审判监督程序进行监督纠正，而不能脱离诉讼程序径自介入下级法院的审判活动。[①]

---

① 参见关玫：《司法公信力研究》，人民法院出版社 2008 年版，第 159－160 页。

九、当事人举证与法院查证的关系

边沁（Jereme Bentham）指出："证据为正义之基础"（Evidence is the basis of justice）。① 证据制度是整个诉讼制度的重点之一，而举证责任制度又是证据制度的重点之一。诉讼程序首要的价值目标在于实现诉讼公正，保障诉讼当事人的合法权益，其中的关键就是要正确处理好当事人举证与人民法院调查收集证据的关系，这不仅是当前证据制度中亟需解决的首要问题，而且在理论界的争议也相对较为突出。从我国现行诉讼法的规定可以得知，在通常情况下，证据均应当由提出主张的当事人负责收集并向法院提供，而人民法院则只在遇有以下两种特殊情况时，方可依职权主动地调查收集证据：其一，当事人及其诉讼代理人因客观原因不能自行收集证据；其二，人民法院认为因审理案件需要而调查收集某些证据。这两种情况也就是人民法院依职权主动调查收集证据的法定前提条件。从表面上看，当事人举证与法院查证之间的相互关系似乎十分明确且易于把握，但实际却并非如此。就第一种情况而言，在审判实践中显然就存在着人民法院如何对造成当事人及其诉讼代理人不能自行收集证据的所谓"客观原因"进行正确识别的问题，显然会因对所谓"客观原因"的理解不同而认定结果迥异。而且，第一种情况中所存在的标准含糊之立法瑕疵在第二种情况中同样存在。因为人民法院仅凭"认为审理案件需要"这一具有较大弹性、语义含糊且主观色彩浓重之理由便可以主动调查收集证据，必将使得审判实践中人民法院主动调查收集证据之范围或标准因案件承办法官的不同而不同，法官的个人情感、生活经验、认知能力以及业务水平，往往也就成了划定人民法院主动调查收集证据之范围大小的决定性因素。正是出于消除现行诉讼法在人民法院调查收集证据范围上的含混不清并借以克服由此在审判

① 转引自阮忠良、章国峰：《人民法院调查收集民事证据研究》，载乔宪志主编：《中国证据制度与司法运用》，法律出版社 2002 年版，第 168 页。

实践中所生成的种种弊端之考量，最高人民法院先后出台了对立法规定予以相应补充的司法解释。但令人遗憾的是，即便撇开因司法解释本身所固有的刚性不足之弱点故而难以完全弥补立法上的缺漏不谈，单就其内容而言，其实也未能够完成对立法上的模糊规定作出富于操作性的精巧设计，从而导致审判实践中证据调查收集活动的混乱：一方面，不少法院或法官常常以现行诉讼法已对当事人应负举证责任作出了明确规定为借口，对本来应当由其调查收集的证据采取敷衍塞责的推诿态度；另一方面，一些法院或法官往往凭借其在调查取证方面所拥有的自由裁量权而按照自己的主观擅断随心所欲地"调查收集证据"，甚至站在某一方当事人的立场上"积极主动地"调查收集有利于该方当事人的证据，而不顾有利于另一方当事人的证据，[①] 从而歪曲和违背了诉讼法的立法精神，给公正廉洁司法造成了不良影响。

因此，厘清当事人举证与法院查证的相互关系直接影响到举证责任制度能否真正落到实处，诉讼公正能否真正实现。具体运作上，可以遵循以下思路来完成：第一，在人民法院调查收集证据的范围上，应当将之严格限定为当事人及其诉讼代理人因客观原因不能自行收集的证据，并建立科学、公开、规范的法院查证的程序制度。第二，在人民法院调查收集证据的启动方式改为由当事人提出申请、受诉法院予以审查决定之范式的基础上，进一步明确规定当事人申请人民法院查证之具体条件，合理设定经当事人申请对人民法院所作不予查证之决定的救济程序。第三，完善赋予律师完整的调查取证权、推行"调查令"等相关的法律保障机制，切实强化当事人举证能力，使其能够通过一切正当的途径与合法的手段及时收集到用以证明其所提主张的相应证据，并进一步弱化和规范人民法院的查证职能。

---

① 参见赵钢：《正确处理民事经济审判工作中的十大关系》，载《法学研究》1999 年第 1 期。

十、维护裁判权威与纠正错案的关系

裁判权威来自于法律的权威，是裁判具有的令人敬畏、信从的力量，是现代法治精神的基础，更是维系社会秩序稳定的基础。裁判权威如果出现危机，则社会秩序就将出现危机。树立和维护裁判权威，既是依法治国的必然要求，也是确保司法权有效运行和发挥作用的前提和基础。而高指数的裁判权威从根本上说来源于公正高效的司法活动，来源于清正廉洁的法官队伍和司法队伍的整体形象。但是，裁判的正确性和司法队伍的纯洁性并不必然导致裁判的权威性。裁判权威的树立和巩固，还有赖于全体法律人的能动努力和全社会的共同维护。其中对裁判既判力的尊重即维护裁判的稳定性，就是维护裁判权威的一个重要方面。维护司法权威要求自觉维护生效裁判的稳定性，因为"如果一个解决方案可以没有时间限制并可以用不同理由反复上诉和修改，那就阻碍矛盾的解决。如果败诉方相信他们可以在另一个地方或另一级法院再次提起诉讼，他们就永远不会尊重法院的判决，并顽固地拒绝执行对其不利的判决。无休止的诉讼反映了、同时更刺激了对法院决定的不尊重，从而严重削弱了法院体系的效率"。① 故生效裁判一经产生，就应当具有既判力，使诉讼产生最终结论，使之具有稳定性，不被轻易否定。② 这正如美国联邦法院杰克逊大法官所言："我作的判决之所以是终极的不可推翻的，并不是因为我作的判决正确，恰恰相反，我之所以判决是正确的，是因为我的判决是不可推翻的。"

然而，由于裁判不可避免地会存在错误，为了实现个别公正、给予当事人合理的救济，在维护裁判的稳定性的前提下，需要通过审判监督程序对裁判错误进行纠正。但是，由于审判监督范围的大小与维护裁判

---

① 宋冰编：《程序、正义与现代化——外国法学家在华演讲录》，中国政法大学出版社1998年版，第3页。

② 甘琳：《司法审判权威性与再审制度重构》，载《当代法学》2002年第9期。

稳定效果的强弱存在着此消彼长的反向关系，审判监督制度只是为了实现个别公正对裁判错误进行救济的例外规定，是以确保裁判既判力为前提的，有限性是其基本属性。我国长期受实体公正和客观真实价值观念的影响，致使审判监督制度的设计"过于强调裁判的绝对正确性而忽视诉讼公正的相对性，过于强调错误裁判的可救济性而忽视诉讼公正的相对性，过于强调法院的客观公正而忽视司法的被动性和中立性"，①从而使审判监督制度存在无限性（无限申诉、无限抗诉、无限再审）的弊端，裁判的稳定性得不到应有的保障，得不到应有的尊重和执行。无限再审不仅损害裁判的权威，而且损害当事人和公众生产、生活的安定性与稳定性，损害社会秩序的安定性与稳定性。因此，应妥善处理好纠正审判错误与维护裁判权威的关系，合理设计既判力制度与审判监督制度作用的边界，将审判监督机制由实体纠错型转向程序救济型、由职权型转向诉权型、由常规型转向事后型，对审判监督程序的提起主体、事由、期限和次数等方面严格加以限定，缩小通过发动再审来对确定裁判的稳定性提起挑战的范围，禁止当事人就同一纠纷反复诉至法院。其中，需要特别注意的是：凡是明显违反法律规定、具有实质性错误并给当事人的权利造成实质损害的裁判，必须依法予以纠正，绝不能以维护既判力或裁判权威为由而拒绝改判；对于没有实质性错误、没有侵害当事人合法权益的裁判，决不能因为当事人声称要群访、集访或进京访，或扬言要采取极端行为，或者施加其他压力，就放弃法律原则，轻易改变裁判，而满足其无理要求；有的判决尽管有违法之处或有轻微瑕疵，但可以通过其他方式弥补或协调处理的，应尽可能通过其他方式弥补或协调来解决，不能轻易启动再审程序，更不能随意地改判或发回重审；应尊重原判法院的自由裁量权，但明显达到滥用程度的除外，对于没有滥用自由裁量权的裁判，不应轻易撤销或者改判。

---

① 山东高级人民法院研究室：《审判监督制度改革与有条件三审终审制的构建》，载《人民司法》2003 年第 2 期。

中 篇

第四章　民事诉讼之基本关系

　　建立公正、高效、权威的民事诉讼制度，必须正确处理好一些重大的、基本的关系。在民事审判实践中，一些案件之所以裁判不公或同案异处，造成当事人长期上访或申诉不止，在相当程度上与一些法官的司法理念不端正，在处理审判中的一系列重大关系上有偏差有关。因此，正确处理好民事审判工作中的一系列重大关系，既是民事审判制度发展的内在需要，也是实现公正司法的客观要求。

一、服务大局与依法裁判的关系

　　服务党和国家的大局，是社会主义法治的重要使命，是人民法院的重大历史责任，更是民事审判工作的重要职责。严格依法裁判，依法息诉止争，维护社会和谐稳定，本身就是服务党和国家工作的大局。人民法院的天平如果因为某个地方的中心工作的转移而摇摆不定，国家的法律也就失去了连续性和稳定性，法律的可预见性也将变得模糊不清，司法的公正性和权威性也将受到严重影响。因此，从根本上说，人民法院服务大局应当主要通过严格执法、公正审判加以体现；对中心工作的支持应当而且可以在法律规定的范围内或在存在自由裁量空间的情况下予以适当倾斜；当合法性价值与其他更高层次的价值发生冲突时，可以根据党和国家工作的大局的需要，进行理性的价值衡量；服务大局最重要的是裁判的结果尤其是社会导向不得与党和国家的大局相冲突，应当通过裁量权的运用、不确定法律概念的解释、开庭或宣判时机的把握、纠纷处理渠道的选择以及解决纠纷替代性方案的寻找等途径，把裁判对大局的负面影响降低到最低程度。那些以严格执法为由，处理案件完全不顾大局的做法必须加以制止；那些假服务大局之名，任意使裁判偏离法律规定的做法也必须予以纠正。

二、形式正义与实质正义的关系

从某种意义上说，法律是一种形式理性。以法律为准绳裁断纠纷的司法过程，不能不在一定程度上满足形式正义的要求。但是，形式正义如果脱离或背离实质正义，就会丧失其价值，也会失去其根基。要处理好形式正义与实质正义的关系，必须处理好法律真实与客观真实、程序公正与实体公正、主观公正与客观公正、个案公正与社会公正的关系。

在处理法律真实与客观真实的关系上，必须坚持法律真实与客观真实的统一，尽可能使法律真实最大限度地接近客观真实。应通过正当的诉讼程序，尽可能恢复案件的客观真实情况，只有在确实无法恢复客观真实的情况下，才能运用举证责任规则和或然性占优势的规则认定法律事实。对当事人举证既不能完全没有时间要求，又不能简单地认定当事人证据失权，只要当事人具有正当理由，不是故意拖延举证或搞证据突袭，就应当接纳当事人在法定或指定时间以外、在庭审结束前提供的证据；在收集证据的时候既不能回到"当事人动动嘴，法官跑断腿"的老路上，又不能过度弱化甚至取消法院和法官依法调查收集证据的责任；在证据的可采性上，既不能无视合法性的要求，又不能过度要求合法性而使一些具有客观性的证据不能成为定案根据。

在处理程序公正与实体公正的关系上，既要坚持以实体公正为核心，又要强化程序公正的保障作用。只有实体真正公正的裁判，才能具有持久的生命力，才能赢得社会最广泛的认同。尤其在当今诉讼程序的正当性、科学性、合理性程度不高，许多当事人诉讼能力不强，社会公众对法律信仰程度偏低，法官队伍素质尚不理想的情况下，实体公正更不容忽视。应在程序公正的基础上，追求最大限度的实体公正。要严格遵循诉讼程序尤其是正当程序，使实体公正通过程序公正获得，任何以实体公正为由排斥程序公正的做法必须坚决予以遏止；要最大限度地追求实体公正，尽最大努力做到事实清楚、证据充分、适用法律正确，任何以程序公正为由掩盖实体不公的裁判，必须坚决予以纠正。

在处理主观公正与客观公正的关系上，既要坚持以客观公正为基础，又不能完全忽视主观公正。司法公正必须以客观公正为基础，客观上不公正的裁判是无法令人信服的。但公正的司法，如果不以当事人看得见、摸得着、可感知的方式实现，公正的裁判不把事实根据和法律依据阐释清楚，没有足够的说服力，客观上公正的司法就得不到当事人和社会的主观认同，就不能实现案结事了、引导教育公众、促进社会和谐的司法目标。因此，审判人员在做到客观公正的同时，必须尽可能使审判过程公开透明，尽可能做到形象中立，尽可能加强裁判文书的说理性，尽可能地发挥解释说明功能，力求胜败皆明、胜败皆服。

在处理社会公正与个案公正的关系上，既要坚持以社会公正为导向，又要坚持以个案公正为基石。人民法院审理民事案件，不能就案办案，而要从维护全社会的公平正义的全局出发，考虑个案的处理；只有把个案放到社会整体利益中来衡量，个案公正才具有社会效益。在个案裁判中，要进行充分的价值判断和利益衡量，要通过个案公正的积累，达到实现社会公正的目的。在处理个案特别是重大疑难案件或社会普遍关注的案件时，一定要注意评估和考量裁判可能对社会造成的影响，并努力将负面和消极影响降低到最低程度，将正面和积极影响发挥到最大程度。

三、审判中立与确保对等的关系

审判中立是公正裁判最基本的条件之一，是当事人和公众对司法具有信心的最重要的因素。如果审判人员偏向一方而歧视另一方，裁判不可能做到公平公正。审判中立要求受理法院不能基于任何利益驱动拉案、找案或寻找案源，更不得向当事人、代理人或请托人提出任何不当请求，或接受当事人的任何赞助；要求审判人员必须独立于当事人各方，与当事人各方保持等距离；要求审判人员给当事人各方以平等的待遇，不偏袒或歧视任何一方当事人；要求审判人员不私下会见一方当事人及其代理人或请托人，不得给任何一方当事人及其代理人通风报信、出谋划策或提供咨询意见；要求审判人员不能接受来自当事人任何一方的好处，审判人员在自己所审理的案件中，不得有任何个人利益。总之，要做到立场中立、利益中立、感情中立、提供司法服务中立。

但是，法官的中立只是公正裁判的必要条件，而不是充分条件。法官如果消极中立就意味着诉讼结果在很大程度上取决于当事人之间的"角逐"，甚至取决于当事人及其代理人攻击和防卫（包括举证和质证）的技能。然而，由于不同当事人之间的生理状态、经济条件、知识水平、诉讼能力以及社会关系等方面的差异，当事人各方不可能完全处于平等地位，而当事人的地位在事实上不平等，势必使公正裁判成为泡影。可见，绝对的中立有可能导致绝对的不公正。

只有确保当事人各方在事实上处于平等地位，法官的中立对于公正裁判才具有意义和价值。因此，坚持审判中立，不仅不排斥反而要求法官采取一切可以采取的措施，以确保当事人各方法律地位的平等。要通过平等的告知、指导、释明等行为，使当事人各方都能准确地把握相关法律规范的内涵、特定情形下的权利义务、某种诉讼行为的法律后果；要通过交换证据材料或清单，使当事人各方都能在透明和信息对称的状态下进行攻击和防卫；要通过对法庭秩序的维护和对合法有效的反对权和抗议权的支持，防止强势当事人以势压人；要通过调查取证、诉讼保全、制裁妨害诉讼的行为等职权行为，保护弱势一方当事人的正当权益；要通过司法救助，依法对特定人群的诉讼费实行减、缓、免，使有理无钱的当事人打得起官司。

四、法官主导与尊重权利的关系

根据我国的诉讼文化传统及目前的国情，人民法院审理民事案件，既不能一味套用英美模式，走当事人进行主义的道路，也不能一味因袭前苏联的模式，走超职权主义的回头路，比较恰当的选择是对大陆法系的职权主义进行改造，走法官主导下的诉辩主义的中间道路。

要走法官主导下的诉辩主义的中间道路，就必须承认法官在诉讼中的主导地位，即是说，诉讼的进程要在法官的主导下进行，而不完全取决于当事人的意志。这就意味着，法官在诉讼活动中，不能完全扮演消极仲裁人的角色，可以而且应当根据法律的授权积极处理审判中的大量问题。同任何其他权力一样，法官的这种主导权也有可能被滥用和误用。要防止这种可能的发生，一个有效的办法是用当事人和代理人的权利来限制法官的职权，让当事人和律师来监督法官，以确保审判权的正确行使。

只有在诉讼中充分尊重并真正落实所有诉讼参与人的权利，才有可能防止法官主导权的滥用，公正的裁判才有保障。要充分尊重当事人的起诉权，凡属于依法应当由人民法院受理的案件，必须依法受理，除非有充分理由认为由其他机关或组织处理更有利于纠纷的解决或者当事人同意由其他法院管辖或由其他机关或组织处理，应确保符合受理条件的案件尽快进入诉讼过程；要充分尊重当事人的知情权，切实增强诉讼活动的透明度，确保当事人之间的信息具有充分的对称性，使当事人双方都能在知己知彼的情况下进行攻击和防卫；要充分尊重当事人的选择权和法律赋予的各种申请权，法官要依据事实和法律并本着司法良知予以决定或裁定，确保当事人合法正当的选择和申请能得到及时批准；要充分尊重当事人的举证权和质证权，不允许片面适用证据规则，恶意认定当事人证据失权，确保法律真实最大可能地接近客观真实；要充分尊重当事人的陈述权、辩论权等表达权，使当事人和代理人有平等、充分的陈述意见的机会，并确保合理合法的意见能被重视和采纳；要充分尊重当事人的上诉权和申请再审权，坚决杜绝恶意利用公告送达、缺席审判等制度剥夺当事人的请求救济权，确保确有错误的裁判得到迅速纠正。

五、依法判定与调解和解的关系

司法调解与和解是人民司法的优良传统，是各类社会矛盾的有效减压阀，是促进社会关系和谐的法律助推器，是缓解社会冲突的有效措施，是使纠纷得到实质性解决的重要途径，也是实现案结事了的重要方法。因此，人民法院审理民事案件，应当"依法先行调解，力求案结事了"。

但是，调解也存在一定的弊端：调解使法律的可预测性减弱，可能使违法者得不到应有的制裁，可能降低审判效率，可能为有的当事人规避法律、侵害公共利益、国家利益或他人利益提供机会，还可能为某些审判人员偏袒一方当事人歧视另一方当事人提供条件。

因此，对于诉讼调解也必须设置边界和规则：可以说服当事人接受调解，但不得违背当事人意志、强迫当事人接受调解；法官必须尊重当事人的处分权，但当事人不得假借调解损害国家利益、公共利益或他人利益；法官必须尊重当事人的意愿，但不得迎合或听任当事人处分案外人的财产，或者规避法律的规定；创设激励机制鼓励调解是必要的，但不得定指标，强迫提高调解率；可以适当延长诉讼期间，以求得纠纷从根本上解决，但不能"以拖促调"，以严重牺牲司法效率换取高调解率。

六、审判质量与审判效率的关系

任何纠纷的存在，既表明纠纷各方当事人处于矛盾对立状态，也表明相关联的社会关系处于不稳定状态；既可能使当事人各方的身心处于焦灼状态，也可能使企业法人处于破产边缘；既可能使当事人各方因官司缠身而无所作为，也可能使市场主体因纠纷束缚而无法运转。尽快地救当事人于"水火"，使当事人从官司中尽快得到解脱，既是审判人员职业道德的呼唤，又是广大当事人的迫切要求。案件久拖不结，不仅使公正大打折扣，使迟到的胜诉变成悲剧，而且可能使"貌似公正的审判变成一场骗局"。

因此，任何消极懈怠、无故拖延诉讼时间、随意延长诉讼周期的现象，都是对人民、对社会极端不负责任的表现；任何因为懈怠而违法或无故超审限的行为，都必须加以遏制；任何故意拖延诉讼时间，从而敲诈勒索当事人的行为，都必须予以制裁。人民法院审理民事案件，绝不能无视审限要求，无视当事人缩短诉讼周期、减少讼累的期盼，造成诉讼迟延和久拖不结；必须努力实现诉讼效益的最大化，最大限度地发挥现有司法资源的整体效益，最大可能地降低当事人的讼累，以最低成本实现司法公正。

但是，就诉讼活动而言，公正或质量的价值比效率价值更为重要；在公正与效率发生冲突的情况下，效率要服从公正。因为只有在确保公正和质量的前提下，司法效率越高，解决社会矛盾越迅速，对社会的和谐和稳定的贡献才越大；没有公正和质量，效率越高，对社会和谐和稳定的破坏性越大。不公正的裁判不仅加大当事人上诉或申诉的成本，而且加大道德成本和法治成本，使貌似快速的审判变成当事人生活的羁绊，变成社会发展的桎梏。因此，绝不能为了效率而牺牲公正和质量；绝不能为了快速结案而削减充分听取当事人意见等基本的正当程序；绝不能为了缩短诉讼周期而该鉴定的不鉴定、该评估的不评估、该调查的不调查，使裁判建立在不正确或没有把握的事实认定之上；绝不能为了提高结案率和审限内结案率而草率下判，将矛盾推给上级法院或下级法院。

七、以人为本与严肃执法的关系

人民法院坚持以人为本，就是要把维护广大人民群众的根本利益作为民事审判工作的出发点和落脚点，坚持司法为民和全心全意为人民服务的宗旨，认真倾听人民群众的意见和呼声，事事、处处、时时以维护人民利益为重，着力维护好人民群众最关心、最直接、最现实的利益；就是要充分尊重诉讼参加人的人格尊严和诉讼权利（特别是知情权、表达权、请求权等权利），尊重当事人的意思自治，创造条件、提供机会保障当事人权利的实现；就是要倡导当事人之间的诚信诉讼与文明诉讼，努力创建和谐的诉讼秩序和氛围，避免违法或不当采取强制措施；就是要依法充分运用告知、释明、答疑、指导等方式，积极回应当事人的合法、正当的询问、期待和愿望，使当事人知晓诉讼风险、诉讼权利义务、诉讼的进程、诉讼义务履行的时间及方式以及选择各种诉讼行为的法律后果；就是要对人民群众怀有深厚的感情，时刻把当事人的疾苦挂在心头，急当事人之所急，尽可能地为当事人提供便捷的诉讼条件，尽力解决当事人的诉讼困难；就是要尽力提高审判效率，在可能的范围内努力降低当事人的诉讼成本，充分关注困难群众的司法需求，依法积极采取缓、减、免交诉讼费等司法救助措施；就是要积极采取有效措施，加大裁判的执行力度，确保能够实现的胜诉权益及时完全地执行到位；就是要畅通申诉渠道，有效解决当事人的申诉难问题，确保确有错误、违法损害申诉人权益的裁判依法得到纠正。

但是，无论是坚持以人为本还是坚持司法为民，都并不意味着削弱司法审判的严肃性，并不意味着对违法的行为不依法制裁，并不意味着对妨害诉讼的行为不予以排除，并不意味着可以放弃法律原则或违反法律规定迁就无理缠讼者，并不意味着完全放弃审判活动中的强制手段。可以说，对法律规则的违反正是对广大人民意志和根本利益的违反，也是对以人为本原则的根本背离；对少数违约者、失信者、欺诈者予以迁就，无疑是对大多数守法者、诚信者、守约者的侵害，是对司法为民本意的违反；对违法者不依法予以制裁，就意味着听任违法者肆意侵害广大人民群众的利益。凡此种种，与司法为民和以人为本的理念都是不相容的。需要特别指出的是：当各方当事人和其他利害关系人的利益都需要保护的时候，应当优先保护守法者、诚信者、守约者的利益；当各方当事人和其他利害关系人都面临困难时，应当优先解决守法者、诚信者、守约者的困难；当各方当事人和其他利害关系人都需要救助时，应当优先救助守法者、诚信者和守约者。唯有这样，才能形成全社会守法、诚信、守约的风气，才能维护正常的社会秩序和诉讼秩序，才能真正在全社会实现公平正义。

八、维护权威与依法纠错的关系

司法权威是一个国家和社会的公众对司法裁判公正度和司法机关美誉度的评价的总和。要一个国家灭亡或不治，一个最简单的方法就是让其司法失去权威。因为司法权威的丧失就意味着法律权威的丧失，而法律权威的丧失即意味着整个社会的无政府状态。司法权威是确保司法权得以最终解决社会纠纷的基本保障。在这个意义上说，司法权威就是党的权威、国家的权威，也是党领导人民治国理政的基本依托和保障。因此，任何损害司法权威的行为，都是对党的执政基础的削弱，都是对国家法治秩序的侵害。人民法院的审判人员，要像爱护眼睛一样维护司法权威。

高指数的司法权威从根本上说来源于公正高效的司法活动，来源于清正廉洁的法官队伍和司法队伍的整体形象。但是，裁判的正确性和司法队伍的纯洁性并不必然导致司法的权威性。司法权威的树立和巩固，还有赖于全体法律人的能动努力和全社会的共同维护。其中对裁判既判力的维护，就是维护司法权威的一个重要方面。

根据裁判既判力要求，当事人不得就同一诉求重复提出诉讼，法院不得就同一案件作出相互矛盾的判决，非因法定事由不得改变业已生效的判决和裁定。既判力规则是司法权威的重要支柱。当前，对法院生效裁判无限申诉、无限抗诉、无限再审的现象以及随意改变生效判决和下级法院的判决的情况，已严重损害了既判力规则，挫伤了一些审判人员的积极性，也严重损害了司法权威。

需要特别注意的是：对侵害上诉人、申诉人权益，具有实质性实体或程序错误的判决，必须依法予以纠正，绝不能为了维护所谓的既判力或法院的面子，以维护司法权威为由而拒绝改判；对于没有实质性错误、没有侵害上诉人、申诉人合法权益的裁判，决不能因为上诉人、申诉人声称要群访集访或进京访，或扬言要采取极端行为，或者施加其他压力，就放弃法律原则，轻易改变判决，而满足其无理要求；对于确无错误，或有轻微瑕疵但依法不宜改判或发回的裁判，决不能因为人情关系、回避矛盾或者因为规避超审限，更不能因为受人请托而随意改判或发回重审。

九、接受监督与独立审判的关系

人民法院依法独立审判是宪法赋予人民法院的一项重要职责，也是人民法院通过司法审判在全社会实现公平正义最重要的条件之一。如果人民法院的裁判为外界的人情、关系等非法干预所左右，为当事人或与当事人一方有直接或间接的利益关系的个人或组织的压力所钳制，为黑恶势力和强势集团的暴力威胁所胁迫，为恶意歪曲事实、通过制造信息不对称误导公众的舆论所操纵，为违背事实和法律规定的指示、批示、建议、意见、批评所控制，司法的公正性和法律的权威性就会荡然无存，公平正义就无法实现。因此，捍卫和坚守依法独立审判原则，是人民法官的应尽职责。

但是，独立性只是公正裁判的必要条件，而不是公正裁判的充分条件。这是因为，并非每一位法官在道德上都是天使，在业务上都是天才，在对事实的把握上都有"天目"。而事实上，每个法官都具有弱点，尤其是在今天，我国的法官素质参差不齐，审判权被滥用或误用的情况更难以避免。为了确保审判权的正确行使并被运用于实现社会公平正义的目的，必须建立适度的监督制约机制。因此，依法接受监督与独立行使审判权并不矛盾，恰恰是实现独立审判目的的必要保障。每个审判人员都应当欢迎并主动接受监督。

但是，任何监督主体也并非都是"天使"和"天才"，也存在滥用监督权的可能性。因此，对监督者的监督行为，也有一个合法性判断和选择服从的问题，应当择善而从，而不能一律签单照收。对于来自外部的合法正确的建议和监督意见，应当从善如流，绝不能因为不正当的考虑而拒绝纠正错误的判决；对于不正确的意见和建议，应当及时沟通，及时汇报有关案件的事实和相关的法律规定，绝不能因碍于情面、怕得罪领导、担心丢选票或者害怕打击报复而违心枉法裁判。院长、庭长行使审判权应当通过参加合议庭审理案件的方式进行；院长、庭长对合议庭和独任审判员的指导应当主要通过旁听庭审、列席合议庭评议案件、参加庭务会、审判长联席会或咨询委员会讨论案件、审核签发裁判文书等方式进行，不能事先定框框、定调子，也不能私下向独任审判员或合议庭成员打招呼，不能命令或指示独任审判员或合议庭按照自己的意见处理案件，更不能强迫独任审判员或合议庭接受自己的主张。独任审判员或合议庭认为院长、庭长的指导意见不合法或不正确的，有权坚持自己的意见，但明显违法或有重大差错坚持不改正的，也应当独立承担相应责任；院长、庭长认为独任审判员或合议庭的裁判意见确有错误的，应当写明裁判意见和理由，提请咨询委员会讨论或提请审判委员会讨论决定，不能长期压案或反复要求合议庭复议。

十、司法酌处与司法统一的关系

正义不可两歧，法律不可二用。司法和法律适用的统一性对于巩固公众对司法的信心、维护司法的权威，具有十分重要的意义。近年来，不同法院对相同性质的案件的不同处理，不同审级法院对同一案件差别极大的裁判，同一法院内部对同一案件的不同看法，已经引起社会各界的严重关注，并已严重动摇了公众对司法的信心，影响了司法的权威。尽管出现上述问题并不足为怪，而且产生上述问题的原因是极为复杂的，但司法酌处权（包括判断余地权和自由裁量权）行使不正确或滥用不能不说是一个重要的原因。

应该说，司法酌处权的存在，既不可避免，也具有积极价值——它是在复杂情况下实现个案公正的必要路径。但司法酌处权，绝不是法官不受任何限制的任意处置权和判断权，更不是审判人员可以随心所欲地滥用的选择权。司法酌处权的行使，必须符合法律授权的目的，必须考虑法律明确规定或希望考虑的因素并排除不相关因素的干扰，必须坚持相同情况相同处理、不同情况区别对待的平等适用原则，必须遵守以适应性、经济性、适度性等为基本要求的比例原则。

要避免同案异判情况的发生，除了遵守酌处规则以外，还应当通过积极推动民事立法、司法解释的制订，在认真调查研究的基础上适时制订指导意见，建立案例库和案例指导制度，建立不同法院和不同审判组织之间的法律观点协调机制，加大对下指导力度，加强上下级法院之间正常的沟通和交流，以统一司法尺度和裁判标准，规范法官酌处权的行使。法官自身应秉承司法良知，真正用好司法酌处权；应加大对司法酌处权的监督力度，依法查处故意违背法律、公认准则或商业惯例而滥用司法酌处权的行为。但是，上级法院和审监部门要尊重下级法院和原审部门法官的司法酌处权，只要原审裁判的酌处权没有滥用，或者说没有明显违反酌处规则，不应随意改判和发回。

第五章　行政诉讼之基本关系

行政诉讼法的实施标志着行政诉讼已经作为一种法律制度在我国初步建立起来，从而实现了行政法治理念在实践层面的落实。从目前的情况来看，厘清行政诉讼制度中如下十个方面的关系，对于全面实现行政诉讼的目的，提高行政审判的水平，都具有十分重要的意义。

一、司法救济与司法资源的关系

西方法谚有云："有权利必有救济。"随着当代行政管理领域不断拓展，行政的触角已经深入到公民"从出生到坟墓"的各个生活角落，公民的权利也不可避免地受到来自行政行为的侵害。作为权利救济最后手段的司法救济，理应为公民提供完善、无漏洞的司法审查制度体系，使公民可以通过提起行政诉讼启动司法救济程序，使受到侵害的权利得到及时有效的救济。然而，司法作为一种由国家提供的公共产品，国家对其财政、人力、物力的投入并非是毫无节制的，这就决定了司法资源的有限性。因此，司法活动也应当努力实现有限资源的合理配置，以较小的司法成本获得最大的司法收益，从而达到帕累托最优。近年来，人民法院的行政诉讼受案数量呈现逐步增长的态势，加剧了行政审判资源的紧缺，处理好司法救济与司法资源的关系成为完善司法审查制度亟需思考的问题。

解决司法救济与司法资源紧张关系最直接的办法就是增加司法资源的投入。如果国家可以随着行政诉讼案件数量的增长而相应增加司法资源的投入，通过立法健全和完善人民法院财政经费保障机制，就可以不断满足人民日益增长的司法需求。但是，司法资源的增加并不是无止境的，司法资源的相对不足即使在经济发达的国家也同样存在。因此，从司法审查制度体系的内部着手，提高司法救济制度的运行效率，提升单位司法成本的产出，应当是缓解司法资源不足的有效途径。一是努力发掘可重复使用的司法资源，主要是指充分发挥行政判例对司法审查的指导作用。我国虽然不是普通法国家，但是生效裁判的法律适用和事实认定会对类案产生参考和指导作用，使得投入一个案件中的司法资源在另一个案件中再次得到利用，可以直接降低司法成本。[①] 二是积极探索行政审判的繁简分流机制，主要是建立行政诉讼简易程序和行政调解制度。对于事实清楚、证据充分，双方争议不大的案件，例如小额的行政处罚案件，就可以选择适用相对简化的行政诉讼程序；随着行政诉讼案件种类的增多，大量被诉行政行为并非属于非黑即白的问题，从而为调解制度的适用创造了空间，法院完全可以把调解贯穿于诉讼程序的各个阶段。当然，不论是简易程序还是调解制度，都应当建立在保证司法公正的前提下，防止因为不当适用简易程序或强制调解而增加后续司法成本的投入。

二、解纷功能与其他功能的关系

行政诉讼制度首先关注的应当是纠纷的解决。与其他两大诉讼制度不同的是，作为司法审查载体的行政诉讼制度，解决的是公民、法人和其他组织与行政主体之间的行政纠纷，解决行政纠纷应当是行政诉讼制度的基本功能。当然，行政诉讼的功能并不是单一的，一项法律制度完全可以同时具有多项功能，并根据时代的需求适时作出回应、调整与完善，并在多元化的功能之间进行协调。行政诉讼除了解决行政纠纷这一

---

① 陈力：《不仅仅是均衡：法院对司法资源分配排挤的规制》，载《法律适用》2007 年第 2 期。

基本功能之外，还具有救济权利、维护行政管理秩序、服务大局等功能。行政诉讼制度的运行过程中，应当协调好基本功能与其他功能的关系。

第一，解决纠纷功能与权利救济功能的关系。行政争议表现为行政主体与公民之间的纠纷，作为纠纷一方的行政主体具有法律授予的行政权力，如行政复议权、强制执行权，它完全有能力用自己的力量解决行政纠纷，没有必要依赖于行政诉讼制度。因此，行政诉讼制度存在的主要理由应当是为公民权利提供救济途径，更好地维护和实现公民的合法权益。从这个意义上讲，行政诉讼的权利救济功能要强于解决纠纷的功能，只要有行政纠纷产生，行政诉讼的大门就应当为公民敞开。

第二，解决纠纷功能与维护行政管理秩序功能的关系。一般来讲，只要行政纠纷得到解决，被暂时破坏的行政管理秩序就在客观上得到修复。但是，对于那些新型行政纠纷，由于立法落后于实践，法院判决确立的规则不仅可以及时解决纠纷，而且可以有效避免类似纠纷再次发生，从而维护正常的行政管理秩序。例如，法院在行政判决中确立的交警现场执法案件的证据规则，有利于引导车辆行人遵守交规，客观上维护了交通秩序。

第三，解决纠纷功能与服务大局功能的关系。"任何国家的司法都必须分担一定的治理国家和社会的政治责任，这是无法逃避和放弃的。"[①] 发挥行政诉讼服务大局的功能，实际上就是发挥行政诉讼的政治作用，就是根据不同时期国家和社会治理的需要主动调整行政诉讼的策略，扩大司法裁判的可接受性，促使行政纠纷得到实质性解决。这就要求法官灵活运用法律赋予的自由裁量权，使裁判和处理既不违反法律规定，又为社会和当事人普遍接受，实现法律效果和社会效果的统一。可以说，行政诉讼能够发挥服务大局的功能，正是其解决纠纷功能

---

① 苏力：《关于能动司法与大调解》，载《中国法学》2010 年第 1 期。

的独特优势所在。

三、支持依法行政与监督合法行权的关系

行政诉讼既是对被诉行政行为的监督，也是对行政主体依法行使职权的支持维护，在我国行政诉讼制度的运行中，二者不可偏废。在实践中，行政机关可以通过行政诉讼吸取经验教训，采取有效措施，弥补工作不足，完善规章制度，司法监督实际上已经成为支持、促进依法行政的重要途径。

人民法院通过行政诉讼监督行政主体依法行使行政职权主要体现在两个方面：一是体现在行政诉讼原告资格的放宽。从只有侵犯当事人人身权、财产权才能起诉，扩大到侵犯其他权利和影响正当利益、合理利益，也可以向法院提起行政诉讼。[①] 二是体现在行政诉讼判决种类的丰富。对于行政主体的行政不作为，依法判决其履行法定职责；对于违法或者显失公正的行政行为，判决确认违法、撤销、变更或者重新作出行政行为。

行政审判对依法行政的支持表现在四个方面：一是赋予行政机关原告资格。根据《国有土地上房屋征收与补偿条例》的规定，征收主体与被征收人达成补偿协议后，一方不履行协议，另一方可以向人民法院提起诉讼。二是审查行政主体申请执行具体行政行为的请求，并依法予以强制执行。三是通过行使行政审判自由裁量权执行公共政策。积极支持行政主体为应对社会危机、保民生、保增长而采取的各项行政措施，在合理进行价值判断和利益衡量的基础上，运用法律自身的衡平机制，调整公民与政府的关系，维护社会稳定与行政权力的正常运作。四是延伸行政审判职能。通过完善行政审判协调机制，加强与行政机关沟通交

---

① 如果在我国行政诉讼中引入客观诉讼，原告资格还会进一步放宽，这样一来，任何利害关系人，哪怕只是同这种行为之间有一种道德的、间接的关系，都可以向法院提起诉讼，其目的就在于防止行政主体违反法律而侵犯公共利益和客观法律秩序。参见马立群：《主观诉讼与客观诉讼辨析——以法国、日本行政诉讼为中心的考察》，载《中山大学法律评论》2010 年第 2 期。

流，有针对性地发出司法建议，促进依法行政水平提升。

四、平等对待与抑强扶弱的关系

我国行政诉讼法第 7 条规定："当事人在行政诉讼中的法律地位平等。"该规定确立了行政诉讼当事人地位平等原则。平等对待就是指当事人诉讼地位平等。之所以在行政诉讼中平等对待当事人，是出于行政诉讼正常运作的需要。在行政法律关系中，行政主体享有行政职权，而相对人处于被管理者地位，双方的地位是不平等的。如果在进入行政诉讼程序之后，双方依然是管理与被管理的关系，就有可能导致一方将自己的意志强加于另一方的情形，行政诉讼也就无法进行。在行政诉讼中平等对待当事人体现在形式平等和实质平等两个方面。所谓形式平等，从时间上看，指的是当事人在诉讼过程中的平等；从地点上看，指的是在法院、法庭或法官面前的平等；从场合上看，是当事人提出主张、维护自身权益的平等；从内容上看，是通过提供诉讼手段和诉讼权利使双方的攻击和防御能力尽可能处于平等地位。[①] 而实质平等则与抑强扶弱相关。

考虑到行政主体和行政相对人行政法律地位的不平等，以及行政主体在收集证据、理解法律等方面的优势地位，如果只有形式上的平等，就会导致实质上的不平等。为了防止行政主体利用其优势地位影响司法审查，必须高度重视对弱势相对人合法权益的保护，只有对弱势群体施以适度的倾斜，真正的平等才能实现。抑强扶弱就是通过一定的程序设计使强势的一方承担更多的程序义务，使弱势方的程序权利得到强化来保障当事人地位的实质平等。首先，被告对被诉行政行为的合法性承担举证责任。这是一项具有中国特色的制度设计，实际上是"谁主张、谁举证"这一举证责任分配原则在行政诉讼制度中的体现。理由是，行政诉讼的标的是行政行为的合法性而非原告行为的合法性，如果被告

———————

[①]　胡玉鸿：《对等权利与行政诉讼》，载《法学评论》2004 年第 1 期。

不能证明其行为合法，法院就推定原告的行为合法从而支持原告的诉讼主张。虽然原告可以提供证明被诉行政行为违法的证据，但是，即使原告提供的证据不成立，也不免除被告对行政行为合法性的举证责任。这样的制度设计，保障了诉讼当事人实质上的平等，是一项优良的制度设计。其次，强化当事人的诉讼程序权利。从司法实践出发，我国行政诉讼法的司法解释对当事人的诉讼程序权利做了适当强化，以进一步推进当事人在诉讼过程中的实质平等。例如，赋予当事人更多提出异议、申请复议和上诉的权利，强化当事人对审判权的监督制约；① 赋予当事人更多的选择权，强化当事人的处分权和意思自治；② 明确被告补充证据的范围和条件；③ 赋予特定当事人口头诉讼的权利；④ 适当限制人民法院调取证据的权力；⑤ 通过对违反法定程序的行为设定法律后果，确保最低限度公正的实现；⑥ 等等。此外，在当事人双方实力不对等的情况下，抑强扶弱还要求法官必须坚持适度的能动性，以良知主持程序的公平，强化法官对庭审的主导功能和释明义务，以实现行政主体与相对人诉讼地位的实质平等，确保当事人双方"平等武装"和机会对等；在行政协调过程中，为防止产生法院"帮强不帮弱"的问题，也应当充分尊重当事人的程序权利，注意防止行政协调对实质平等产生负面影响。

---

① 参见最高人民法院《关于执行〈中华人民共和国行政诉讼法〉若干问题的解释》第10、47、48、63条。

② 参见最高人民法院《关于执行〈中华人民共和国行政诉讼法〉若干问题的解释》第23条。

③ 参见最高人民法院《关于执行〈中华人民共和国行政诉讼法〉若干问题的解释》第28、30、31条。

④ 参见最高人民法院《关于执行〈中华人民共和国行政诉讼法〉若干问题的解释》第25条。

⑤ 参见最高人民法院《关于执行〈中华人民共和国行政诉讼法〉若干问题的解释》第29条。

⑥ 参见最高人民法院《关于执行〈中华人民共和国行政诉讼法〉若干问题的解释》第80条。

五、实质审查与形式审查的关系

我国行政诉讼法第 5 条规定："人民法院审理行政案件，对具体行政行为是否合法进行审查。"但是对于行政行为是否合法的审查标准并未明确规定。行政诉讼中是采用实质审查标准还是形式审查标准的困惑源于对行政主体作出行政许可应采用何种审查标准的争议。如果行政主体作出行政许可采用的是实质审查标准，那么相应地在行政诉讼过程中，法院也应当采用实质审查标准来判断行政许可的合法性；如果行政主体采用的是形式审查标准，法院也应当采用形式审查标准。行政主体对行政许可的实质审查要求"行政许可机关根据法定条件和程序对申请材料的实质内容进行审查、核实，它主要核实申请材料反映内容的真实性，即在形式审查合格的基础上，对申请书所列的从事该项活动的能力、场所、设备、卫生环境等做一定的调查和核实工作"；[1] 而形式审查只审查申请人申请书的格式是否符合要求，申请理由是否充分，意思表达是否清楚、真实，有关材料或文件是否齐全、是否符合法定形式，通常不审查申请材料内容的真实性与合法性，只要申请材料形式上没有瑕疵，即应视为符合许可条件。事实上，由于行政许可的种类繁多且性质、功能不同，行政主体对行政许可的审查标准并不是非此即彼的，对不同的行政许可审查标准应当有所不同。例如，对于资格资质类行政许可，应当进行实质审查，而对登记类许可，则以形式审查为主。相应地，在行政诉讼过程中，对应当适用实质审查标准作出的行政许可，法院也应当对行政许可的合法性进行实质审查，除了对申请材料的数量、内容、形式等进行表面审查外，还应当对申请材料的真实性、合法性进行审查；如果行政机关作出行政许可采用形式审查标准即可，法院也只需对申请材料的数量、种类以及有无重大明显错误进行审查即可。

---

[1] 胡建淼、汪成红：《论行政机关对行政许可申请的审查深度》，载《浙江大学学报（人文社会科学版）》2008 年第 6 期。

六、合法性审查与正当性审查的关系

合法性（legality）与正当性（legitimacy）本是一对法哲学上的概念。从法律思想史的角度考察，正当性概念与自然法思想相关联，所关涉的是社会中权力和权威的基础，以及为实存的法律秩序所提供的正当性证明。而合法性概念的出现则是在形式主义法学或法实证主义出现以后，强调的是法律秩序的实际存在以及行为者对法律的服从和遵守。合法性与正当性的对立统一是现代法律制度的重要特征，作为行政法治重要基石的行政诉讼制度对行政行为的评价，同样需要进行合法性审查与正当性审查，体现为行政诉讼中合法性审查原则与合理性审查原则的统一。

传统行政诉讼法理论认为，法院对行政行为的审查仅仅局限于合法性即外在的、形式的合法，而对行政行为是否合理即内在的正当性则不予审查，我国行政诉讼法也确立了以合法性审查为原则、以合理性审查为例外的审查标准。对于行政行为合理性的关注源于现代社会行政自由裁量权的广泛存在。行政自由裁量权的滥用往往会导致行政行为貌似合法而实质不合理的情况，使行政行为违反法律的目的、精神或原则，这与行政法治的要求是背道而驰的。在行政诉讼中对行政行为的正当性进行审查，就是要确立合理性审查原则。为此，应当按照正当性的标准赋予合理性审查原则具有可操作性的内容，从而建立相对独立的对自由裁量权的审查规则。如果说合法性审查标准体现为法律保留和法律优越原则的话，那么合理性审查应当以下列原则为依据：一是比例原则，也可以说是最小侵害原则，要求行政主体在作出行政行为时应当进行利益权衡，尽量使相对人的损害保持在最低限度内。二是平等原则，要求行政主体同等情况同样对待，不同情况区别对待。三是信赖保护原则，指的是相对人对行政行为形成存在值得保护的信赖时，行政主体不得随意撤销或废止该行政行为，否则要承担相应的法律后果。合理性审查还可以其他原则为依据，此不赘述。

七、审查决定与参照规定的关系

我国的行政诉讼不同于西方国家的行政诉讼，在行政诉讼中，法院只对行政机关作出的针对特定相对人的行政行为的合法性进行审查，而对于行政机关制定的规范性文件只具有有限的司法审查权。审查决定与参照规定的关系实际上反映的是司法审查的依据和限度问题。对此可以从如下几方面予以说明：

第一，司法审查以法律、行政法规和地方性法规为依据。对行政行为进行司法审查，包含了人民法院依法适用法律法规的含义。行政诉讼法第52条规定，人民法院审理行政案件，以法律和行政法规、地方性法规为依据。该条规定确立了在司法审查中以法律、法规作为依据的模式。

第二，司法审查参照规章。所谓的参照就是说规章能否作为司法审查的依据，应当由法院根据对规章进行判断的结果来确定，法院对规章具有选择适用权。所以不能简单地把规章排除于司法审查的依据之外，与法律、法规不抵触的规章，可以作为司法审查的依据并在裁判文书中引用。此外，参照不是"可以参照也可以不参照"的意思，对于经过法律判断为合法有效的规章，法院有适用的义务。

第三，法院对行政规章具有准司法审查权。这里的准司法审查权可以视为一种有限的"法律判断权"，这是因为：法院不能将规章作为诉讼标的按照通常的行政诉讼程序进行审查，只能对行政案件所附属的规章进行审查；法院对于规章没有确认违法或无效的权力，在审查后不能对规章宣布无效或者予以撤销；对于法院审查的过程、内容和结果也不在裁判文书中进行评述。

第四，法院对其他规范性文件有评价权。法律、法规、规章以外的规范性文件的地位与规章类似，对于合法有效的其他规范性文件，法院可以作为依据在裁判文书中引用。与规章地位不同的是，由于其他规范性文件不属于正式的法律渊源，人民法院可以对其是否合法、有效、合理或适当进行评述。但是这种对其他规范性文件的评价权，并不等同于完全的司法审查权，因而不会导致规范性文件被撤销或变更。赋予法院对其他规范性文件的司法审查权应当是司法审查制度发展的方向。

八、控制越权与防范失职的关系

司法审查对行政权力的监督制约不仅体现在对行政主体是否超越法定范围行使职权进行审查，也体现在对其是否履行法定职责进行审查。我国行政诉讼法第 54 条规定，具体行政行为超越职权的，判决撤销或者部分撤销，并可以判决被告重新作出具体行政行为。行政机关不履行或者拖延履行法定职责的，判决其在一定期限内履行。这就体现为控制越权与防范失职两个相对应的司法审查功能，这两者分处行政行为合法界限的两边，前者指向的是行政权的行使"过犹不及"，后者指向的是行政权"当为不为"。

第一，控制越权与防范失职的判断基准具有一致性，即都是法定界限。行政权行使的合法界限在司法审查中得以划定。此界限经司法审查明确之后，行政行为如属于越权的一边，行政权就应退回合法界限之内；如属于失职的一边，就应当迈入合法界限之内。因此，司法审查的立场规范和影响着控制越权与防范失职两种功能的发挥。

第二，控制越权与防范失职共同影响行政权的实际运行。行政主体作出行政行为或进行其他行政活动时，通常会考虑其行使或不行使有关职权是否会被法院认定为越权或不作为。对特定事项，行政主体认为应当积极作为，最后可能被法院认定是越权；或者行政主体认为有越权之虞而无所作为，最后可能被法院认定构成不作为。无论是以上哪种情形，一旦司法审查因审查强度不当或其他原因出现瑕疵，就会影响行政主体恰当行使行政职权的信心和能动性。因此，司法审查如何处理好控制越权和防范失职的关系，是十分重要的问题。

第三，控制越权与防范失职的变动性。在消极行政时代，"法律无授权则无行政"，行政越权和失职的判断均以明定的法律为依据。但现代行政已从消极行政发展到积极行政，行政权的范围日益广泛，其合法行使早已突破了"法律无授权则无行政"的教条，在这样的背景下，许多原来属于"越权"的行政行为便具有了合法性，因此在控制越权方面，司法审查应采取相对谦抑的立场，相应地，在防范失职方面则要增强能动性。

第四，控制越权与防范失职审查规则的区别性。控制越权针对的是已经作出的行政行为的审查，适用一般行政行为的审查规则，重点是审查行政主体的法定职权范围；而防范失职的审查重点则不仅包括行政主体的法定职责范围，也包括相对人向行政主体提出申请的事实、不履行法定职责的理由。在此基础上，两者的立案标准、举证责任分配、裁判方式都是不同的。

九、司法权与行政权的关系

行政诉讼法的实施确立了对行政行为的司法审查制度，从而实现了司法权对行政权的监督。随着行政诉讼实践的发展，司法审查的范围不断扩展，将抽象行政行为纳入司法审查的呼声近年来日益高涨。但是，司法权与行政权的分工客观上是存在的，司法审查涉及到司法权与行政权之间的关系，司法审查的广度、深度、强度和力度首先受制于司法权的限度。而这种限度要求司法必须有谦抑性，司法审查不能变成司法权越俎代庖的工具。因此，司法审查应当遵循有限原则，将审查的深度和广度控制在合理适度的范围内。

第一，行政诉讼的受案范围应当有限。不属于人民法院行政诉讼受案范围的事，法院不好管，比如政治性、政策性极强，难以进行合法性判断的事。行政诉讼法及其司法解释对不属于行政诉讼受案范围的事项进行了列举，明确排除了国家行为、内部行政行为、调解、仲裁行为、公安和国家安全机关的刑事侦查行为等，这大大限制了对行政权进行司法审查的范围。

第二，在司法审查中应当注意审查强度。在涉及行政机关自由裁量权的时候，只要不是出于专横、任性、滥用自由裁量权的，法院不能用自己的判断代替行政机关的判断，从而对行政机关的自由裁量权给予必要的尊重。对于纯粹的事实问题，特别是凭借常识、常理、常情不能判断的专业性问题，让普通的法官作出判断，难度很大。例如，当专利复审委员会否定了一项专利的创造性，原专利权人诉至法院，审理案件的法官恐怕不能轻易地从技术上对"是否具有创造性"作出准确的判断。此时，对于事实问题的判断，法院原则上应当尊重行政机关的专业意见。

第三，在多数情况下，法院不能代替行政机关作出行政决定。法院要尊重行政机关的首次判断权，除非行政机关已经没有自由裁量的余地。例如，《最高人民法院关于审理行政许可案件若干问题的规定》第11条规定："人民法院审理不予行政许可决定案件，认为原告请求准予许可的理由成立，且被告没有裁量余地的，可以在判决理由写明，并判决撤销不予许可决定，责令被告重新作出决定。"

十、行政审判权与民事、刑事审判权的关系

不论是行政审判权还是民事、刑事审判权，其最基本的功能都应当是解决纠纷。但是许多争议往往是行政诉讼与民事诉讼或刑事诉讼交织在一起，处理不当容易导致纠纷无法从根本上得到解决。这就需要根据案件的具体情况确定不同审判权行使的先后顺序，理顺行政审判权与民事、刑事审判权的关系。

第一，行政审判权与民事审判权的关系。当出现行政诉讼与民事诉讼交叉的案件时，有多种处理办法：一是对经过行政裁决的民事争议，可以通过增加法院对行政裁决变更权的办法来解决。二是通过行政附带民事诉讼的方式来解决。可以有效避免行政审判权与民事审判权的冲突，节约司法资源，减轻当事人的讼累。三是通过行政诉讼与民事诉讼分别进行来解决。总的原则是，如果一个案件的裁判需要以另一个案件的裁判为前提，那么后者的审判就应当优先。需要指出的是，登记行政

行为作为准行政行为，法院完全可以在民事诉讼中变更登记的内容，并允许行政机关根据民事裁判变更登记内容。在某一民事诉讼案件的解决有赖于行政行为效力问题先行解决的情况下，对于无效的行政行为，民事审判中可以直接宣告其无效后再就民事争议作出裁判；对于可撤销的行政行为，如果对其提起行政诉讼没有超过起诉期限，就应当中止民事诉讼，首先由行政审判解决行政行为的效力问题，如果超出起诉期限，民事审判权就要受到已生效的行政行为的羁束，民事审判就要以这个行政行为为基础。

第二，行政审判权与刑事审判权的关系。二者之间也存在先后的问题。有的刑事诉讼需要等待行政诉讼对行政法律关系进行确认，特别是犯罪需要以违反行政法律规范为构成要件的，必须首先进行行政诉讼。同样，有的情况下，行政诉讼必须以刑事诉讼为前提。在刑事诉讼中也存在如何对待行政法律行为的效力的问题。准行政决定对刑事诉讼没有羁束力，但是一个标准的行政法律行为对刑事诉讼具有羁束力，这就需要先由行政审判权来对行政法律行为的效力进行判断。

以上十个方面的关系，基本上涵盖了行政诉讼理论和实践中的主要问题。其中既有对现有行政诉讼制度的肯定与完善建议，也有对未来行政诉讼制度发展的对策与展望。可以预见，随着我国行政诉讼制度不断发展和完善，行政诉讼中各方面的关系将会进一步理顺协调，行政诉讼的运行也将更加流畅高效，从而充分发挥其在法治政府建设中的应有作用。

第六章　刑事诉讼之基本关系

树立和落实科学的刑事司法观、正确处理刑事诉讼之基本关系是确保刑事审判质量的一个重要问题。经验教训告诉我们，一些案件处理得不好甚至出现错误，与审判人员的刑事司法理念出现偏差、若干关系处理不当具有密切的关联。刑事审判工作与其他审判工作在司法观上具有共性，比如程序公正与实体公正、法律效果与社会效果等问题，这是各项审判都应该处理好的几个关系。除此之外，还有一些是与刑事审判有特殊联系的司法观，全面、准确地把握科学的刑事司法观，要求我们正确处理好以下关系：

一、法院与其他政法机关相互制约与相互配合的关系

根据宪法和刑事诉讼法的规定，公检法三家的关系是"分工负责、互相配合、互相制约"。有人对这个提法持有异议，认为"分工负责、互相配合"这个提法不太妥当，对此我们应该怎么看？

笔者认为，宪法、刑事诉讼法规定公检法三机关"分工负责、互相制约"，旨在要求三家依法独立地行使各自的职权，保持犯罪追诉权的各组成部分彼此中立，以确保正确有效地执行法律。不能混淆和相互替代各自的职能和职责，也不能以强调配合为由而忽略相互制约的要求，更不能无视宪法和法律的分工而"融为一体"。

宪法、刑事诉讼法规定公检法三家"互相配合"，是从国家机器的整体效能来考虑的，符合现代国家权力配置的原理和打击犯罪、保障权

利和恢复秩序的需要。试想，如果国家机关之间只有制约而无配合，只有掣肘而无协调，则国家机器的整体功能将无以发挥。在近三十年的审判实践中，这项原则为保证司法机关准确有效地执行刑法、刑事诉讼法发挥了重要作用。但是，我们也应当看到，在实践中也出现了过于强调配合、忽视制约而酿成冤、错案件的严重问题，湖北佘祥林案即是典型。因此，一方面必须摒弃只讲配合不讲制约的做法，寓配合于分工和制约之中；另一方面又要注意避免把制约绝对化，忽视协调与配合，以制约为名推诿扯皮、贻误工作。

二、惩罚犯罪与尊重和保障人权的关系

惩罚犯罪与尊重和保障人权，是刑事审判不可分割的两项任务。就刑罚的功能而言，准确地打击犯罪是让犯罪人得到应有的惩罚，实现特殊预防和一般预防。就刑事法律追求的最终目的而言，是要实现全人类的人权的保障。我们讲尊重人权，至少要尊重三方面的人权：一是犯罪嫌疑人的人权，这一点过去比较轻视；二是被害人的权利，现在开始引起重视，但重视得还不够；三是社会公众的人权，这方面往往被忽视。在一般情况下，惩罚犯罪与尊重人权二者应当是统一的。但是，在实际操作中，有时也难免会出现矛盾，或顾此失彼。把握好二者关系，应注意以下几个方面的要求：

第一，在司法过程中要注意对犯罪嫌疑人、被告人人格的尊重。他们的权利最容易被人们愤怒的怒火所淹没，他们的人格最容易被人们憎恨的情感所轻视。一个社会的刑事司法文明程度在很大程度上是通过对犯罪嫌疑人的人权保护程度来体现的。在以往的司法活动中，长期受"重公权、轻私权"观念的影响，比较重视打击犯罪，而对犯罪嫌疑人和被告人权利的保护重视不够。漠视被告人人权最突出的表现就是刑讯逼供。"捶楚之下，何求而不得"，刑讯逼供实为古往今来刑事司法中的顽疾。实践中暴露出的冤错案件，大多为刑讯逼供所致。尽管经过近年来的不断努力，情况有所改观，但仍然存在着漠视犯罪嫌疑人或被告

人权利的问题，在一些地方甚至情况还相当严重。在审判阶段主要表现为：法官与公诉人一同审被告人，不让被告人充分发表质证、辩论意见，对待被告人态度蛮横，甚至剥夺或限制被告人依法享有的基本诉讼权利，使公诉人与被告人在法庭中的地位严重失衡，在很大程度上挫伤了被告人参与诉讼的积极性；有的地方严重违反审限规定，无视被告人人身自由权利，案件久拖不决，超期羁押；有的在事实不清，证据不足，不能认定被告人有罪或没有达到排除合理怀疑的证明标准的情况下，因顾及被人指责打击不力，害怕引起国家赔偿责任，或害怕给"兄弟部门"丢面子，不敢作出宣告被告人无罪的判决，而是片面地凭感觉判案，或违心作出有罪判决，或搞折衷降格处理。近些年来，强调刑事司法领域的人权保障日益成为国际社会普遍关注的重大课题，也理所当然会影响到我国刑事司法的价值取向。应当看到，尊重犯罪嫌疑人或刑事被告人的程序权利，既是弄清事实真相、防止出现冤假错案的必要条件，也是使犯罪人服判悔过的重要条件；尊重犯罪嫌疑人或刑事被告人的实体权利，既是刑罚正义的重要体现，也是构建和谐社会的必然要求。我们必须强化"权利保护"意识，使"权利保护"功能归位，保证被告人享有受公正审判的权利，免遭不合法、不公正的刑事处罚，使刑罚真正发挥惩治犯罪和保障人权的双重作用。

第二，在强调被告人的人权保障时，还应注意对被害人的人权保障，使被害人的权利得到有效即时恢复。如何从程序上、实体上保障被害人的权益，是当前值得研究的一个重要课题。当前需要解决以下几个问题：一是在对加害人进行定罪量刑时，是否应当考虑或者应当在多大程度上考虑受害人的损害、受害人的请求。对此，笔者认为可以纳入犯罪的情节与后果适当加以考虑，而决不可无视受害人的损害和请求。二是如何使受害人得到有效赔偿。[①] 对此，笔者认为主要应从以下几个方

---

① 如附带民事赔偿的问题。实践中对附带民事诉讼原告人的主体资格、民事诉讼提起程序、赔偿范围和标准等把握上很不统一，判决结果也五花八门，应引起高度重视。

面考虑：进一步完善刑事附带民事制度，尽可能普遍赋予受害人以附带民事请求权；完善刑事附带民事裁判的执行制度，确保附带民事判决得到切实执行；[①] 建立被告人主动赔偿受害人损失的激励机制；[②] 建立刑事受害人补偿基金。三是如何解决受害人的非赔偿恢复。主要是应当关注被害人的精神安抚、融入社会等恢复性问题。

第三，过去我们重"打击"，轻"保护"，现在应当予以纠正，但是也要避免从一个极端走向另一个极端，走到重"保护"而忽视"打击"的路子上去。不能用牺牲人民群众的基本安全需要，来换取人权保护的"美名"。即使是在号称十分重视人权的西方国家，打击犯罪、维护社会基本秩序、保护人民群众的生命财产权，仍然是政府和司法机关义不容辞的责任。英国著名法律思想家霍布斯曾经说过："人民的安全乃是至高无上的法律。"所以，刑事审判任何时候都要注意发挥好打击犯罪的职能作用。

三、自由裁量与量刑均衡的关系

理性的刑罚适用不仅要求正确定罪，而且要求合理量刑。正确合理的量刑是实现刑罚目的的重要手段和基本前提。任何国家、任何朝代，都会或多或少地赋予法官一定程度的自由裁量权。刑事审判权的自由裁量包括两个方面：一是对有些刑法概念的判断，一是对量刑幅度的选择。由于我国刑法规定的刑种、量刑幅度跨度比较大，相应地法官自由裁量权也比较大。立法者为法官留有一定的自由裁量权是有好处的，其最大好处在于为实现个案公平留下了空间和余地。应当看到，犯罪的情形千差万别，立法不可能对所有的情形作出一一对应的安排，只能作概

---

① 对于刑事审判中的民事部分还是要多做调解工作，调解结案也便于执行。现在一些刑事附带民事案件，赔偿额判得多，但判决生效后难于执行，最后成为积案，不仅影响执行率，而且"官了民不了"。

② 对受害人的权利保护，中国古代创造了很多经验。比方说《唐律》中就有所谓"保辜"制度，如在伤害案件中，加害人把被害人的伤养好，使被害人恢复了健康，就可以从轻处罚甚至免予处罚。这就很具有人性化，既协调了关系，又具有一定的预防犯罪的作用。

括规定。此外，立法者认知的局限性也决定了司法自由裁量权是不可避免的。但法官的自由裁量权过大，就有可能出现自由裁量权的滥用，导致量刑不均衡，这不仅违背我国刑法规定的罪刑相适应的原则，也会损害人民法院裁判的公信力。畸轻畸重的裁判，会让社会公众误认为法律是法官"任意裁量的工具"，同时，量刑轻重失度既可被视为法官水平不高，也可被视为法官的不端行为所致。处理好自由裁量与量刑均衡的关系，要注意以下几点：

第一，必须准确把握法律授予或设定自由裁量权的目的。法律之所以授予或设定自由裁量权，根本目的在于希望法官根据每个案件的具体情况作出唯一恰当的量刑选择，从而尽可能地使量刑个别化，而绝不意味着法官可以完全任意地选择刑罚。因此，所谓自由裁量权是一种根据特殊的案情进行理性或合理选择的权利，而不是一种任意裁量权。不可以说，只要没有超出法定的幅度或选择范围，法官的裁判就是正确的。①

第二，必须把握自由裁量的基本原则。自由裁量的基本原则就是相同的情况同样处理，情况不同区别对待。自由裁量不是任性裁量和任意裁量，而是要求法官针对案件的具体情况作出公平、合理、恰当的决定。自由裁量权是一种合理性、正当性、恰当性的选择权。根据这一要求必然得出如下结论：只有在应当考虑的情况确有差别的情况下，才可以作出不同的裁判；只有在应当考虑的情况完全相同的情况下，才可以作出完全相同的裁判。

第三，要遵循行使自由裁量权的基本规则。行使自由裁量权除了必须遵守合目的规则、平等对待规则以外，还必须遵循正当考虑规则（考虑应当考虑的因素，拒绝不正当因素的干扰）、比例规则、禁止专断规则等。必须以最低的社会成本和道德成本来实现刑事审判的目的。

---

① 经常有人说，法官有自由裁量权，多判几年少判几年都是正确的、合理的，这种说法是站不住脚的。自由裁量权要求根据本案的具体情况，作出一个唯一、合理、恰当的裁判，不是说可以这样判也可以那样判，可以判高些也可以判低些。

第四，行使自由裁量权一定要注意量刑的均衡。即是说，一定时期内，不同法院、不同法官对应当考虑的情况或对定罪量刑有价值的案情基本相同的案件，对被告人作出的量刑结果要保持基本平衡。从具体均衡范围看，既包括不同案件被告人之间的量刑均衡，也包括共同犯罪中主、从犯之间的量刑均衡；既包括主刑之间的均衡，也包括主刑与附加刑的均衡和附加刑之间的均衡，还包括实刑与缓刑的均衡。

第五，要加强对滥用自由裁量权的监督。目前，一些法官在量刑时，不考虑法律规定应当考虑的因素，而考虑权力、人情、关系。例如，有的考虑到有人打招呼、人大代表有建议，本来没有从轻情节，为照顾面子，从轻处罚；也有的考虑到领导有批示、被害人闹得凶，本来没有从重情节，就从重判处。这就是在滥用自由裁量权。对于滥用自由裁量权的行为，必须加强监督。依法应当改判的应当予以改判，依法应当追责的要依法追究责任。

四、对刑事被告行为的法律评价与社会评价的关系

有位法学家把司法定义为"公正的艺术"。如果说刑事审判是一种艺术的话，那么在很大的程度上，就是如何把法律评价与社会评价结合起来、统一起来的艺术。要将二者统一起来，需要注意以下几个方面的问题：

第一，要坚持法律评价第一，社会评价第二的原则。刑事裁判必须以法律评价为本。法官办案必须以事实为依据，以法律为准绳。在刑事审判中必须坚持罪刑法定、罪刑相适应的原则，不能随便以社会评价取代法律评价。

第二，要重视被害人的诉求和权益保障。要依法落实被害人参与刑事诉讼的权利，推进刑事被害人救助制度的建立和落实，加强刑事附带民事判决的执行，维护刑事被害人的合法权益，让被害人切实感受到司法公正。

第三，要认真对待社会评价。所谓要认真对待社会评价，就是要认

真地分析特定案件社会评价的根据和来源，然后再决定是否采纳。人民群众为什么要求对某个犯罪嫌疑人判处死刑？某个犯罪嫌疑人为什么引起很大民愤？这种民愤、社会舆论是怎么产生的？要进行认真分析。有的舆论和民愤，是因为犯罪嫌疑人确实罪大恶极；有的舆论和民愤，是因为个别人不恰当的误导煽动起来的；有的舆论和民愤，是因为被害人的亲属或者相关人做工作形成的；有的舆论和民愤的形成，与当地的风俗习惯有关。有些是正常、合理的，有些是不正常、不合理的。对于不正当的，当然不能作为裁判的根据；但如果社会评价具有合理因素，就应该给予适当考虑。那种完全忽视人民群众的公正感和安全感、无视正当民愤的做法与司法为民的理念是不相容的。

第四，要注意完整地诠释法律规范。法律评价和社会评价在通常情况下不会产生大的冲突，但是在某些情况下也会产生冲突。有的可能是法律本身有不完善的地方，有的可能是对法律理解有问题。这时就要考虑怎样更准确、更完整地诠释法律，更好地把握法律的精神，从而使社会评价和法律评价趋向一致。早在二千多年前，罗马著名法学家塞尔苏斯就说过，"认识法律不意味着抠法律字眼，而是把握法律的意义与效果"。

第五，要坚守公正底线。即使法律评价和社会评价尖锐冲突，也绝不可以超越自由裁量权的权限范围进行量刑。适当考虑社会评价是可以的，但是决不可以超越自由裁量权的范围、超越刑法的规定定罪量刑。

五、依法打击犯罪与贯彻无罪推定原则的关系

无罪推定原则是现代法治国家普遍承认和确立的一项刑事诉讼原则，其含义是指在刑事诉讼程序中，任何被怀疑或者受到刑事控告的人，在未经司法程序最终确认为有罪之前，在法律上应假定其无罪。《世界人权宣言》和《公民权利和政治权利国际公约》均采用了这一原则，因此，无罪推定也是一项重要的国际司法准则。由于我国现代法制

建立的时间较短，人民群众和司法人员的法治观念尚不成熟，对无罪推定的认识远未达到应有的水平。

　　贯彻无罪推定原则与依法打击犯罪并不矛盾，二者在本质上是协调统一的。刑法所要打击的犯罪必须是真正的犯罪，或者说是经过正当的刑事诉讼程序并为充分的证据所证明的犯罪，而决不是说打击的犯罪是被交付审判、具有犯罪嫌疑的犯罪。否则，我们就可能打击无罪、伤及无辜甚至冤枉好人。诚然，实行无罪推定原则，确实有可能放纵犯罪，使个别犯罪分子逃脱惩罚，但我们应当看到：使无罪之人受到惩罚的政治和道德成本比使有罪的人逃脱惩罚的政治和道德成本要大得多；使无罪之人受到惩罚的可补救性比使有罪的人逃脱惩罚的可补救性要小得多；对于司法机关来说只有千分之一的错案率，但是对于被冤枉的当事人来说则是百分之百。即使放纵一两个真正的罪犯，也决不能冤枉一个好人，这是刑事法院理性的无奈选择，也是实现处罚正义不得不付出的代价。在刑事审判中，要从以下三方面来贯彻落实无罪推定原则：

　　第一，切实贯彻证据不足作无罪处理的疑罪从无规则。"疑罪从无"是无罪推定原则派生出来的一个重要规则，如果说在法院判决有罪之前把被告人当作无罪的人来看待，是无罪推定在程序上的体现的话，那么在面对证据不足的疑罪案件时，控诉机关基于这一规则作出有利于被告人的处理则是其在实体上的运用。在现行刑事诉讼法修改之前，实践中经常出现"疑罪从挂"的现象，即对于事出有因又查无实据的疑难案件，先"挂"起来，对已经被逮捕的犯罪嫌疑人则实行长期关押不予释放。近年来，由于超期羁押的问题越来越受到社会的关注，司法部门"疑罪从挂"的做法有所改观，但又出现了"疑罪从轻"的倾向，就是对有疑问的案件不判无罪，而是判处轻刑，特别是对于证据不足、有疑问的死刑案件，改判为死缓或无期徒刑、有期徒刑，留有余地、留下活口。湖北佘祥林案就是典型例子。无论"疑罪从挂"，还是"疑罪从轻"，实质还是"有罪推定"，与无罪推定原则相悖。既然无法证明被告人有罪，就应当宣告无罪。

第二，应当赋予犯罪嫌疑人、被告人不受强迫自证其罪的权利。控诉机关负有证明被告有罪的责任，而犯罪嫌疑人、被告人不承担证明自己无罪的义务，这是无罪推定原则下的一项重要诉讼准则。无论是大陆法系还是英美法系，均将"谁主张有罪，谁承担举证责任"的证明责任分配规则视为无罪推定原则的核心内容。根据我国现行刑事诉讼法规定，犯罪嫌疑人对侦查人员的提问负如实回答的义务，尽管没有实行彻底的"谁主张有罪，谁承担举证责任"的证明责任分配规则，但不能理解为让犯罪嫌疑人、被告人承担了自证有罪的义务，更不能理解为犯罪嫌疑人、被告人具有强迫自证其罪的义务。为使犯罪嫌疑人、被告人不受强迫自证其罪原则落到实处，有效遏止刑讯逼供的发生，有必要逐步进行一些改革，比如确立沉默权制度，讯问犯罪嫌疑人、被告人辩护律师在场制度等。

无罪推定原则不仅仅是一项基本的诉讼原则，更是一项关系到每个公民切身利益的政治原则。每一个刑事审判法官都要以锲而不舍的精神将这项原则真正落到实处。

六、有效打击与省刑、慎刑的关系

惩罚犯罪是重好还是轻好、宽好还是严好？这个问题确实很难定论。对一个犯罪行为，到底下多重的惩罚份量是最合适的，很难有一个量化标准。法经济学派主张把经济学成本、效益理论用到刑罚适用上，以加大犯罪者的违法成本，认为对其打击、惩罚要足以使犯罪人感到付出的成本大于犯罪所得。早在西周时期，周公就提出了"明德慎罚"的思想，认为一味地"重刑辟"反而会激发人民的反抗。随后，以孔孟为代表的儒家作了进一步发展，主张"德礼为治"，"德主刑辅"，"恤刑慎杀"。通俗地说，就是主张采取感化政策，尽可能地少用刑罚，通过省刑、慎刑而实现消除犯罪的目的。而以商鞅、韩非为代表的法家则主张"以刑去刑"，甚至主张"重刑轻罪"。人类社会几千年的刑法发展史表明，重刑主义从来没有带来社会的长治久安，刑罚的轻重与犯罪率升降和社会治安状况的好坏之间虽有一定的联系，却没有必然的对应关系。仅仅依靠刑罚特别是重刑并不能从根本上减少和消灭犯罪。历史的经验证明，儒家关于省刑、慎刑的刑罚观对我们今人是有启发意义的。在构建和谐社会的语境下，就是要用尽可能节省的刑罚取得最佳的预防犯罪效果。如何理解省刑、慎刑的必要性和重要性呢？

第一，古人经常把用刑比作用药，用药不是越重越好，而是贵在适度。药用重了，病痛不仅治不好，还可能加重，甚至可能把人治死，用轻了则可能无济于事。刑罚效应与药物效应一样，贵在适中。

第二，任何一种惩罚制度，都有效应递减现象，天天杀人，大家会习以为常，不当回事，刑罚的威慑力会慢慢下降。很长时间没有执行死刑，哪一天突然执行死刑了，大家会感到震惊。如同常年吃一种药，药的效力自然会下降，也会产生抗性，用刑的道理与此相同。

第三，中国传统价值观认为执政者应当"德主刑辅"，把德摆在首位，刑罚用多了必然会影响人民群众对政权的评价，会认为执政者是实施暴政，这在中国历史上是有教训的。秦王朝统一六国后，为加强统治，采取了严厉的刑罚手段，但是用刑太多，最后导致王朝倾覆。

第四，任何一种刑罚都要付出成本，不仅包括经济成本，还包括道德成本、社会成本、政治成本。刑罚越重，社会所付的成本就越高。国家花更多的钱修监狱还是建学校搞教育，效果孰优孰劣不言而喻。

第五，刑罚用得越多越普遍，执政基础就越不牢固。一个社会中，如果其成员相当一部分是受过刑罚的人或与受过刑罚的人有关系的人，执政基础显然不会稳固。

当然，强调省刑、慎刑，并非否认刑罚的治理功能和预防犯罪的功能。中国古代关于刑罚轻重宽严的哲学是非常丰富的，有的主张刑罚"宽以济猛，猛以济宽"，有的主张"刑罚世轻世重，有伦有要"。省刑和慎刑是有条件的，不是无条件的，更不能绝对化。该打击的不打击，该惩罚的不惩罚，就会助长犯罪的气焰，就会使好人受气坏人猖獗，就会使社会无法安宁，同样会导致"国将不国"。这就要求我们在有效打击犯罪和省刑、慎刑之间找到一个合理的平衡点。

一要贯彻宽严相济的刑事政策。重罪宜严，轻罪宜宽；重其重罪，轻其轻罪；宽中有严，严中有宽；宽以济严，严以济宽。要把打击的锋芒集中于严重刑事犯罪。对抢劫杀人犯罪、黑社会性质犯罪、毒品犯罪等严重危害人民生命财产安全的犯罪必须严厉打击，对其他危害不大的犯罪则能省则省。

二要保留死刑但要严格控制死刑的适用，慎重适用死刑。死刑是最严厉的刑罚，但并非杀得越多效果越好。死刑只能适用于极其严重的犯罪。

三要审时度势，因势施策。要根据社会治安情况的变化，采取不同的刑事政策和斗争策略，既对严重犯罪保持高压态势，又可以充分节省刑罚资源，以分化瓦解犯罪人员，实现最佳的打击效果。

四要重严而不重厉。刑罚不在于"重"而在于"必"。刑罚的持久预防功能主要依赖惩罚对于犯罪行为的不可避免性，而不在于刑罚的严酷性。与其疏而酷，不若密而轻。

五要准确把握宥恕条件。刑事法律实施的重要保障在于法律面前人人平等。原则上，任何人都不得有实施应受惩罚的犯罪后而免于处罚的特权。但刑事责任的严格性并不排除承认若干可以宥恕的情形。一般说来，在犯罪人存在某种可宽宥的情节因素（如中止）或具有意志缺陷（如错误、意外、激怒、强迫、精神失常等）的时候，或者基于刑事政策的考量（如自首、立功），应当根据刑法的规定，从轻、减轻或免予处罚。但在把握宥恕条件的时候，一定要注意从重情节与从轻、减轻或免予处罚情节的综合平衡；一定要符合刑法有关宽宥规定的目的与宗旨；一定要认真核实有关事实的真实性与客观性；一定要注意避免刑事被告从违法或不正当行为中获利；一定要坚持法律面前一律平等的原则；一定要防止歧视和偏袒；一定要防止人情、关系、金钱和权力的干扰。

七、一般预防与特殊预防的关系

一般预防和特殊预防是刑法的两个基本功能。特殊预防旨在使犯罪行为人不再重复犯罪行为，不至于重新危害社会；一般预防旨在通过惩罚阻止其他人效仿，教育其他人不再实施相类似的违法犯罪行为。一般预防和特殊预防在多数情况下不会出现矛盾，惩罚了个别犯罪，就教育了其他人。但是，有时候对个别犯罪人来说，不判刑可能会更有利于他的改造，判了反而可能把他推向犯罪的深渊，从此变成一个顽固不化的人。

正确处理一般预防和特殊预防的关系，需要注意以下几个问题：

一是要注意刑罚的个别化。要适当地考虑犯罪者个人的主观恶性和社会危害程度，对于主观恶性和社会危害大的，要注意使其丧失在社会上重新犯罪的机会和能力；对于主观恶性较轻的罪犯，则应给其"重新做人"的机会，通过教育和训练计划，帮助罪犯认识其罪过，改善其品行，弱化其犯罪意志，减少其反社会心理，增加其生产的经验和技能，使其重新回归社会。

二要全面考虑刑罚的实施效果。实践证明，监禁并不是最好的处置方法。有的监狱改造质量不高，人犯进去之后，不但没有改造好，反而学到了更多的犯罪手段。因此，对一些罪行不是很严重、主观恶性不是很大的犯罪人，特别是未成年罪犯，应当尽可能地采取非监禁刑等处置措施，比如缓刑、拘役、管制等，事实上效果可能会更好。当然，这样处理又可能涉及对社会的一般预防问题，会带来消极的负面影响。这就要求法官在判处刑罚时，既要有利于犯罪人的个人改造，同时又要避免给社会一个错误的信号，认为实施这样的行为不会承担更多的责任，这种犯罪行为代价很低、成本很低。

三要建立和完善修复性惩罚机制。对罪犯实施惩罚，既要考虑对罪犯将来回归社会的安排，还要考虑对受害人及其家属的精神、情感和损失的恢复,① 也要考虑对业已损害的社会关系（如社区的安全感等）的修复。而要达到这些目的，必须建立与惩罚相配套的的修复性制度。

八、防止冤错与防止放纵的关系

对于从事刑事审判工作的人来说，"不枉不纵"四字尤为重要。但要真正做到，实非易事。

防止冤错对于从事刑事审判工作的人来说，无疑是最为重要的。这是因为：使无辜者受到惩罚比一般的犯罪行为更具有道德上的可非难性和道义上的可谴责性；使无辜者受到惩罚将会极大地损害司法和法律的公信力和权威，将会使党和国家付出极大的执政成本。古往今来，故入或失入人罪的责任总是大于故出或失出人罪的责任。要防止冤错案件的发生，一方面必须作出周密的制度安排，使诉讼程序具有高度的科学性和正当性，建立完善的客观事实的发现和恢复机制，防止非法律因素对审判过程的干扰和干涉；另一方面，也要求审判人员具有优良的政治、道德和业务素质，具有认真、细致、审慎的工作作风，具有明察秋毫、见微知著的能力。

同时，防止放纵罪犯也是刑事审判人员的重要责任。这是因为：使有罪的人得到应有的惩罚是刑事诉讼的重要功能和使命，也是刑事审判人员的基本职责所在；放纵罪犯不仅使犯罪行为得不到否定评价，使受损害的权利体系和社会关系得不到恢复，使受害人的报应心理得不到抚慰，使公众的不安全感明显加剧，而且容易使犯罪人因得不到惩罚而变本加厉，使有些人因看不到犯罪的不利后果而竞相效尤；放纵犯罪既是审判人员对受害人的不公，又是审判人员对自己良知的背叛和社会责任

---

① 满足受害人及其家属和朋友对加害者实施惩罚的要求，是惩罚的合理目的之一。一方面，惩罚能够减少他们的不幸；另一方面，合法的惩罚也有助于增强他们对法律的信任和尊重，避免发生私人报复行为。

的背弃。

应当看到，就目前的情况而言，在刑事追诉工作中，既存在极少数冤错案件和冤错的风险，也存在不同程度的放纵罪犯的情况，而且后者的比率大大高于前者。这是因为：刑事诉讼的制度设计严于防冤错而疏于防放纵（这似乎是普遍现象）；侦查起诉环节中不应有的疏忽和瑕疵甚至是严重渎职行为往往造成基本事实难以查清，或使证据难以达到证明标准，从而为罪犯逃脱惩罚"预留"了先天漏洞或后门（尽管不全是故意的）；从司法环境而言，"故入"人罪的因素明显少于"故出"的因素，在没有受害人的情况下，对司法的影响因素主要来自被告一方；现行刑法量刑幅度较宽，且无详细的量刑指南，又缺乏自由裁量权行使的硬性规则，致使有的量刑明显失衡；现存的责任追究机制严于冤错而疏于放纵，使司法审判人员宁可冒放纵的风险而不愿冒冤错的风险；上诉不加刑的原则加上公诉机关的不愿惹麻烦或不愿冒风险的思维使放纵的案件难以得到纠正，也使相关的责任人难以承担相应的责任。

可见，就目前情况而言，防止放纵问题应当引起高度重视。要防止放纵，需要根据上述原因作出一系列的制度安排。在作出制度安排的时候，一方面要注意与防冤错机制保持平衡，尤其不得削弱防冤错机制，另一方面要避免回到鼓励或放纵刑讯逼供的老路上去，要建立真正科学、有效的鼓励犯罪人自首、认罪的激励机制，建立理性的错案纠正机制、责任分析机制和责任追究机制。

九、执行"严打"政策与遵守国际公约的关系

改革开放以来，我国已与数十个国家签订了数十项司法协助条约和引渡条约，加入了数十项涉及国际司法合作的多边国际公约和十多项打击恐怖主义的国际公约。今后，随着全球打击跨国有组织犯罪、反恐、反腐败等国际合作不断扩大和加强，我国还将加入更多的国际公约，在国际刑事司法事务方面发挥更大的作用。这些国际条约对刑事司法总的

要求是，司法公正、程序正当、诉讼民主、保障人权。毫无疑问，作为一个负责任的大国，我们应当遵守已签订的国际条约的规定，履行相应的国际法义务。但这样做是否会与执行"严打"政策相冲突呢？笔者认为，只要正确贯彻"严打"方针，"严打"与履行国际公约就具有一致性。第一，我国"严打"政策突出的是两个"严"字，一是打击的重点是严重危害社会治安的犯罪活动；二是对严重危害社会治安的犯罪活动打击要严厉。"严打"对象如毒品犯罪、跨国黑社会组织犯罪、涉枪涉暴犯罪等本身就是国际公约打击的重点，对其进行从严打击本身就是履行国际公约的义务。第二，"严打"不是随心所欲的滥打或无原则的狠打，而是在执行实体法和程序法的前提下适当从重从快，与国际公约关于刑事案件被告人有权获得迅速审判，不能无故拖延的要求也是完全一致的。

但是，也要看到"严打"政策与国际公约规定的标准还有一定的差距，有的还存在严重的冲突，主要体现在诉讼过程中实现刑事司法的人道化、文明化方面。比如过去许多地方对被告人经常采取的挂牌子、游街、示众、公判等做法，就与国际公约的要求相差甚远。① 在刑事诉讼中，一定要注意尊重犯罪嫌疑人的基本人权，一定要注意遵守相关国际公约。尤其是一旦我国最高权力机关批准了《公民权利和政治权利国际公约》，对司法审判的文明程度、尊重人权的要求将会更高。我们要顺应国际公约对人权保障的要求，逐步转变一些不合时宜的刑事司法观念，深刻领悟保障人权的国际法精神，既注重收集和考虑不利于嫌疑人或被告人的有罪、罪重的事实和证据，又要注重收集和考虑对其有利的无罪、罪轻的事实和证据，同时确保司法强制措施的合法性和正当性，在法治的轨道内更加理性地执行"严打"政策。

---

① 有一次某市组织在校中小学生参加集中宣判执行大会，该校的主观动机是要对学生进行法制教育，但有的国际组织认为我们是把青少年拿去陪杀，给青少年造成一些不良的心理反应，影响青少年的身心健康。

十、报复、功利与复归的关系

端正刑事司法理念，最重要的是要弄清楚为什么要惩罚，惩罚的目的和理由是什么。

关于惩罚的目的和理由，美国法学家舒曼（s. l. shuman）等人把历来的惩罚理论归纳为同态复仇论、功利论、实用主义理论、报复论、符号论、超自我论、人性论、复归论等八种理论。[①] 就国际上流行的理论和我国目前的情况看，需要处理好报复、功利和复归三种惩罚观念的关系。

尽管报复刑罚观源于同态复仇，并具有狭隘的报仇意识，且有使人滑向感情用事泥潭的风险，但这种观念既符合大多数民众的惩罚观念，又具有一定的合理性：它主张有恶必报，主张通过对犯罪的惩罚表达对恶行的责难，有利于遏制犯罪的高发势头；它主张罪责自负，反对牵连无辜，有利于确保无罪的人免受刑事追究；它主张罚当其罪，惩罚的轻重应同罪责的大小相适应，有利于贯彻罪刑相适应的原则；它主张惩罚的目的在于恢复被犯罪分子破坏的道德秩序和法律秩序，有利于发挥刑罚的维护社会治安和社会稳定的作用。

功利惩罚观尽管有把刑罚当成目的而非手段的非人道嫌疑，也有为追求功利而实施严酷刑和株连刑的风险，但功利惩罚观主张社会利益既是合理惩罚的必需条件，又是充足条件，而惩罚的轻重取决于它能否给社会带来最大限度的利益，如果一个惩罚能够实现足够的、超越痛苦的良好效果，这种惩罚就是合理的。此外，功利惩罚观把一般预防和特殊预防、使罪犯失去犯罪能力以及对罪犯品行进行改造、强化社会的规范意识和减少受害人及其家属朋友的不幸等作为功利的主要表征。这些观点，对于实现刑罚效果的最大化，尽可能减少刑罚的负面作用，实现法律效果与社会效果的统一，具有十分重要的价值。

---

① 参见张文显：《二十世纪西方法哲学思潮研究》，法律出版社 2006 年版，第 404 – 405 页。

复归惩罚观认为，人是可以再社会化的，应当把犯罪看作一种疾病，采取"社会卫生"政策，并设法进行医治和矫正，① 惩罚的过程应当是帮助罪犯改变原有的价值观、生活方式和行为方式，克服反常的道德性格和反社会的心理定向的过程。尽管复归惩罚观具有一定的理想主义色彩，且有可能导致对犯罪打击不力、不能有效遏制犯罪的风险，但这种惩罚观念与人本主义和人道主义的精神是相契合的，而且指明了刑罚的未来发展方向，具有博大的人文情怀，对于构建和谐社会所需要的修复性司法制度，无疑具有重要意义。

三种观念，瑕瑜互见。正确的态度，未必非此即彼，而应当根据我国的主流价值观和具体国情，吸取精华、排除糟粕、避其风险，如此方能形成科学的刑罚观，而成为我国刑事审判工作的正确指南。

---

① 据此，复归论者认为死刑完全剥夺了罪犯发展自己的道德品质、重新塑造人生的机会，故应当予以废除。

第七章　国家赔偿之基本关系

国家赔偿法实施以来，全国各级人民法院认真贯彻实施，依法审理了数以万计的国家赔偿案件，有近三分之一的案件当事人依法获得了国家赔偿；国家赔偿审判工作维护人民权益、促进依法行使公共权力、实行应赔必赔的司法理念受到人民群众的欢迎；国家赔偿所产生的消除官民矛盾、化解官民积怨、促进社会和谐、振奋国民精神的积极作用越来越明显。但是也要清醒地看到，我们的司法理念、司法能力和水平以及司法资源的配置与人民群众对司法工作的新要求、新期待还有一定的差距，国家赔偿审判工作还存在诸多不如人意的地方需要改进。为此，必须从更高的起点和更高的层次上，找准国家赔偿审判工作服务小康社会建设的契合点与着力点，精心谋划国家赔偿审判工作的科学发展。

学习实践科学发展观，根本方法是统筹兼顾。以科学发展观指导人民法院国家赔偿审判工作，就是要统筹兼顾，正确处理好国家赔偿审判工作中的十大基本关系：

一、保护申请人的合法权益与保护纳税人权利的关系

国家赔偿法的立法宗旨首先强调的就是保护申请人的合法权益，这也就是国家赔偿审判工作的首要目的。但是，国家赔偿制度中有一个"特别牺牲"的理念，即任何人只要（也只有）是为公共利益承担了特别的牺牲，就应当依法得到国家的赔偿或者补偿。如果不是因为公权力

的行使造成的损害、不是因为公共利益而承受"特别牺牲",没有法律的特别规定,则不能适用国家赔偿。所以说,保护申请人的合法权益是有前提的,既要合理,又要合法;既要考虑"特别牺牲"理念,又要依照法定程序、法定范围和法定标准,对依法当赔的一定要给予赔偿,以保证申请人的合法权益。

国家赔偿的一个重要特征是由国家承担赔偿责任,即由国库来支付赔偿金。而国库资金的主要来源是纳税人交纳的税款,纳税人为国纳税是为了国家的公共管理和公共利益,所以纳税人的权益不能被随意支配,也必须受到法律的保护。我们强调在赔偿工作中要防止国家利益受损,实际上也就是保护纳税人的合法权益。如果我们对不当赔的情况决定赔偿,就意味着让国家承担了不应承担的负担,也意味着让纳税人承担了不应承担的负担。因此,在处理国家赔偿案件时,应当正确处理好保护申请人权利和保护纳税人权益的关系。

要做到正确处理两者的关系,一是要看申请人是不是因为公共利益的缘故承受了特别的牺牲;二是要看申请人的诉求是不是符合法定的应予赔偿的条件。把握好这两点,我们就可以处理好这两者之间的关系。

二、实体决定的公正性与赔偿程序的正当性的关系

人民法院的审判过程应当是实体公正性与程序正当性高度统一的过程。审理国家赔偿案件,最终要对当事人的赔偿请求做出回应,无论赔与不赔,实体决定必须具有公正性。实现公平和正义,不仅是国家赔偿法对人民法院的要求,也是申请人和社会公众对人民法院的期待。

要实现完全和持续的实体公正,必须有公正的程序作为保障,必须让正义看得见、可感知,这样才能让当事人和人民群众心服口服。国家赔偿法规定的赔偿案件的确认和决定程序相对简略,这就要求我们在处理案件时,一定要注意程序的正当性。这就是说,审理程序不仅要符合法律的规定,还要尽可能地正当、合理,保证赔偿案件的处理程序尽可

能地公开、透明、公正。

具体把握好二者的关系，要注意以下五点：第一，任何人不得为自己案件的法官，赔偿案件和原审案件的审判人员要分离，一个人不能参与同一案件的两个程序；第二，在作出涉及个人权利义务的生效法律文书时，尤其是当一个人可能承担不利后果时，应当事先听取其意见，所以要在审理赔偿案件中积极推行听证制度；第三，要保证当事人双方在事实上的对等和平衡，要更加关注弱势一方的合法权益；第四，作出生效法律文书的机关要正当地行使权力，既不能"官官相护"，牺牲群众利益，也不能"花钱买平安"，牺牲国家利益；第五，行使自由裁量权应具有正当性，对案件的定性和损害后果的确认，特别是将来可能涉及的精神损害赔偿问题，立法上不可能作明确具体的规定，法官必须根据立法原意，结合具体案情和当地实际，客观公正地行使自由裁量权，以确保司法公正。要注意通过审判实践对法律规定的不足适当加以补充完善，使司法更加符合正当程序的基本要求。

三、平等对待与扶贫济弱的关系

所谓平等对待，就是法官处理任何一个案件，都要保证双方当事人法律地位的平等，平等对待双方当事人，做到不偏不倚。当事人的法律地位平等、权利对等，是争讼的基本规则，是正当程序的基本要求之一，也是法院查明事实、正确适用法律、作出公正裁判的必要条件。

所谓扶贫济弱，就是法官要通过履行释明义务，给予申请人必要的指导，使其充分有效地行使权利；通过适当的调查取证，保证案件的公正处理；通过必要的司法救助，确保不因当事人的经济困难而妨碍其权利获得救济。总之，要避免申请人因其知识与能力的限制而导致权益的减损。国家赔偿法律关系的一个很重要的特征，就是当事人双方的社会地位常常是不平等的，即被申请人是强大的国家机关，而申请人往往是弱者，多数情况下还是缺少文化知识认知能力不足的农民、无钱无势的上访人这样一些饱经磨难、饱受挫折的弱势群体。对于这样的当事人，简单地讲平等对待，恐怕事实上难以达成平等。在审理国家赔偿案件时，为使双方当事人在事实上得到平等对待，就要扶贫济弱，更多地关注弱势群体的权益，更多地关注申请人的权益。

在国家赔偿工作中做到平等对待和扶贫济弱，是由国家赔偿法律关系的特殊性决定的。实践中，法官必须在始终保持中立立场的同时，依法恰当地行使释明权、调查取证权和强制措施权，使当事人双方真正处于平等地位。既不能包办代替申请人应当履行的义务，又不能听任一方随意主导争讼过程；既不能站在一方当事人的立场上偏袒一方当事人，又不能听任一方当事人以不正当的手段或方式谋取诉讼利益。

四、司法机关的非主动性与国家赔偿工作人员的主观能动性的关系

司法居中裁判的特点决定了司法具有一定的非主动性与中立性。作为裁判机关的法院，不能在没有申请人的情况下主动作出赔偿决定。这既是司法规律性的要求，也是防止司法机关专权和滥权所采取的"警戒"措施。

但是在国家赔偿审判工作中，同时要注意充分发挥国家赔偿工作人员的主观能动性。这是因为我国的国家赔偿法规定的司法赔偿程序，不是一个完全的"两造对簿公堂"的诉讼程序，主要是赔偿委员会决定程序，缺乏举证、质证、认证等制度设计，赔偿程序原则上通过书面审理进行，可以传唤当事人了解情况，必要时可以调查取证。在这样一个程序中间，要查明案件的事实和解决双方之间的争议，很大程度上依赖于国家赔偿工作人员的主动性和能动性。要通过工作人员的主观能动性，对案件的事实以及双方的争议焦点进行调查核实，查清事实，为赔偿委员会作出公正的决定打下坚实基础。因此，在案件审理过程中，要注意处理好司法机关的非主动性与国家赔偿工作人员的主观能动性之间的关系。

处理好二者的关系，核心在于国家赔偿工作人员要始终秉持依法办

事和司法为民的宗旨，既要在法律许可的范围内充分发挥能动作用，又要恪守中立立场，使赔偿决定真正建立在事实清楚、证据确实充分、适用法律正确、程序合法的基础之上。

五、维护国家机关权威与监督国家机关依法行使职权的关系

国家机关的权威是国家对社会进行有效管理的重要条件，是法律得以有效实施的重要保证，也是党的执政权威的具体体现，必须坚决予以维护。通过国家赔偿，监督国家机关依法行使职权是国家赔偿法的立法宗旨之一。国家机关依法行使职权，既是国家机关权威的来源，又是国家机关权威得以维系的根本保障。因此，维护国家机关权威与监督国家机关依法行使职权是完全一致的。但是凡依法应予赔偿的案件，必然存在国家公权力违法或不当行使侵犯公民、法人或其他组织合法权益的情形，而违法侵权必然会损害国家机关的权威，这一点毋庸讳言。但如果明明具有违法侵权情形却不予确认违法或不承认违法，明明造成了公民、法人或其他组织合法权益的损害，却不承认损害后果，依法应当赔偿而不予赔偿或依法应予多赔而少赔，则势必更加损害国家机关的权威，甚至使人民群众丧失对国家机关的信心，丧失对法治的信心，其危害性更大。实践证明，如果对国家公权力造成的损害积极给予赔偿，既可以有效地监督国家机关依法行使职权，也可以及时挽回不良影响，把负面影响减少到最低限度。因此，国家赔偿案件处理得好，往往会使坏事变成好事，甚至会对国家机关产生积极效应，使人民群众更加拥护我们的政府，对我们的党更充满信心，反而会起到维护国家机关权威的作用。

可见，处理二者之间的关系，关键在于把握好两个基本点：一是要坚持依法办事、有错必纠、应赔必赔；二是要尽可能避免负面影响或将负面影响降低到最低限度。

六、防止国家机关工作人员违法滥用职权与保护国家机关工作人员工作积极性的关系

国家赔偿法规定了追偿条款，即在国家承担赔偿责任后，向那些具有贪污受贿、徇私舞弊、枉法裁判等情形或者在执行职务中具有故意或重大过失，导致国家赔偿的具体责任人，追偿部分或全部赔偿费用。这一规定，一方面有利于防止国家机关工作人员违法侵权，防止他们肆无忌惮地滥权、擅权；另一方面也表明，在一般情况下即使国家机关工作人员在行使职权过程中有违法侵权情形，造成了相对人的损害，只要不是法定应予追偿的情形或者只具有一般的过错或轻微过错，即由国家对此承担赔偿责任，而不追究具体责任人的赔偿责任。之所以进行这种制度设计，就在于保障国家机关工作人员大胆行使职权，大胆进行社会管理，而不至于因为担心承担赔偿责任而畏首畏尾、缩手缩脚。因此，国家赔偿法有关追偿的规定，既是防止国家机关工作人员违法滥用职权的有效措施，也是保护国家机关工作人员工作积极性的重要手段。

处理好二者关系，关键在于：第一，要严格执行国家赔偿法规定的追偿制度，依法进行追偿。没有严格的追偿制度就难以制裁和遏制擅权、专权、滥权的行为；只有依法进行追偿，才能促进和保证国家机关工作人员严格执法、大胆执法、积极执法。第二，对于人民法院内部符合追偿规定的情形，应当在承担赔偿责任后由相关法院向责任人员直接进行追偿；对于其他机关出现的类似情形，法院决定赔偿后，可提出司法建议，建议该机关依法对相关责任人员进行追偿。

七、依法作出赔偿决定与做好善后工作的关系

国家赔偿与民事赔偿的最大区别，是由国家承担赔偿责任，由国库支付赔偿费用，而非让实施具体侵权行为的机关或工作人员赔偿。国家赔偿是法定赔偿，其赔偿范围、赔偿标准与民事赔偿的范围与标准有所

不同。就我国目前的情况而言，某些事项国家赔偿的标准比民事赔偿低。这一理念源于法国的"佛朗哥案件"，即私人行为造成的损害通常源于个人对私利的追逐，通常是损害多少就赔偿多少；而国家机关工作人员在行使公权力过程中造成他人损害，往往是为了公共利益，情有可原，因此标准可以略低一些（尽管这一观念并不一定合理或正确，但至少在大陆法系，这一观念影响至深）。我国的国家赔偿法尚属于过渡型，赔偿范围不宽，标准不高，在多数情况下不能做到充分赔偿。

而实际上国家公权力造成的损害结果往往比一般的民事侵权更为严重，波及面也更广，如影响到受害人的政治权利、职业地位、名誉荣誉等，甚至可能造成受害人家破人亡，流离失所。这些影响往往因不在赔偿范围之内而无法得到赔偿，势必造成受害人不满意，人民群众不满意。这就要求我们在依法作出赔偿决定以外，还要根据不同情况，做好有关善后工作。

依法作出赔偿决定是取得良好的法律效果和社会效果的前提条件。违法作出赔偿决定，不仅会增加国库负担，侵犯纳税人权利，而且造成法律适用上的不平等。但要做到案结事了，尽可能做到个案公平，必须尽可能地做好善后工作。做好善后工作是实现案结事了，实现法律效果、政治效果与社会效果统一的必要手段。善后工作无疑会给法院带来很多额外的工作量，甚至实施难度很大，这就需要从以人为本、司法为民的高度，从人民利益至上的高度，在坚持依法决定的基础上，根据不同情况做艰苦细致的工作。

八、法内救济与法外安抚的关系

国家赔偿法实行法定赔偿原则，在执行过程中要严格依法办事，以保障司法的统一性。同时也要看到，国家赔偿法是一部体现人文关怀的人权保障法，在严格依法办事，做好法内救济的同时，也要体现法律对弱势群体的关怀，做好法外安抚工作。当前涉及国家赔偿的申诉、信访的绝对数量比其他审判少，但比例较大，一方面是由于申请人对赔偿的期望值与法定限制性赔偿之间存在差距，申请人存在的一些实际困难难以解决；另一方面，已经受到伤害的申请人的冤屈怨气与个别司法机关工作人员的生冷硬横的工作态度之间存在矛盾。由于国家公权力的违法行使，致使受害人蒙受了冤情，遭受了损害，承受了痛苦，因此，作为国家赔偿的审判机关，一定要在法内给予充分救济的同时，在法外对受害人给予必要的安抚，以抚慰伤痛，消减怨气，平衡关系，促进和谐。

但需要注意的是，法外安抚也不能滥开口子，滥开口子会带来恶性循环，带来互相攀比的不良风气，从而引发无穷的申诉上访，对国家赔偿审判工作产生不利影响。因此，法外安抚既要多做工作，也要避免引起连锁反应。

九、赔偿委员会作出决定与发挥赔偿办公室工作人员作用的关系

根据目前的机构设置，各级法院赔偿委员会成员大多由院领导及有关庭局的负责人（兼职）组成。经过审判实践的检验，此种审判组织形式的设置确实存在一定的问题，不仅容易引发"决而不审、审而不决"的疑问，而且容易造成对赔偿委员会办公室工作人员的主观能动性的约束和限制。根据新的国家赔偿法的精神和正当程序的要求，有必要对国家赔偿机构逐步进行实体化改造，即让实际从事国家赔偿的工作人员成为赔偿委员会委员，将赔偿委员会转变成能实际从事审理工作并作出决定的机构。但在目前，要处理好赔偿委员会作出决定与发挥赔偿办工作人员作用的关系，要保证赔偿委员会决定的正确性、公正性，务必做到两点：第一，赔偿办的工作人员务必要做好赔偿案件审理的基础工作，理清争点，查清事实，确定证据，提出适用法律的建议，为赔偿委员会委员当好参谋，保证赔偿委员会决定的客观性和公正性。第二，各级法院的领导要把国家赔偿案件的审理和决定当成和三大审判并列的一项审判工作，要关心爱护赔偿办的工作人员，在审判职称、职级待遇

等问题上做到各个部门一视同仁，创造赔偿办工作人员心情舒畅、乐于无私奉献的工作环境。

十、降低国家成本与降低当事人成本的关系

现行国家赔偿法赔偿程序之所以受到诟病，主要原因之一是法律在设置赔偿程序时并未真正体现出公正、及时、方便的原则。依照现有规定，常常使当事人往返奔波于各个程序、各个机关之间，无形中增加了当事人的申请成本。同时，多个国家机关为一起申请赔偿的案件，重复作出认定或决定，也增加了国家成本。如何平衡当事人成本与国家成本之间的关系，需要我们认真加以研究。国家赔偿案件的特点，决定了赔偿申请人往往是那些遭受损害，甚至是家破人亡、贫病交加的弱势群体。人民法院要从国家赔偿审判工作具有的救济性质出发，充分考虑及时、方便的赔偿原则，尽量降低申请人的成本，使申请人在最短的时间内得到法定的救济，同时也要考虑如何降低国家成本的问题。为此，要考虑以下几个问题：第一，规范办案程序，提高办案效率，减少当事人申请国家赔偿多次往返奔波的经济成本和社会成本。第二，做好风险提示和法律解答工作，防止申请人盲目高额索赔，缠诉缠访，既造成当事人耗费人力物力、心态失衡，也造成人民法院和有关国家机关反复接待重诉重访，浪费审判资源和增加行政成本。第三，采取有效措施确保赔偿决定得到及时执行。人民法院在作出赔偿决定时要尽量事先沟通协调，听取双方意见，争取决定书得到顺利的执行，以及有关善后工作得到及时落实。对那些无视法律权威和尊严、拒不履行赔偿决定的赔偿义务机关，人民法院要依法采取相应措施，敢于运用通报、汇报、情况反映等形式，创新其他手段和形式，争取党委、人大、政府的支持，使决定书得到及时执行。

第八章 审判监督之基本关系

审判监督工作最根本的任务，就是依法纠正错误裁判，实现司法公正。为了完成这一根本任务，就必须正确处理好以下十大关系。这十大关系，既是审判监督工作要关注的基本价值，也是进行理论研究需要关注的基本价值。

一、维护个人权利与维护法的安定性之间的关系

维护法的安定性，从根本上说就是要维护社会关系的稳定性。以往不少从事再审工作的人员总爱强调要维护法院判决的既判力，但事实上公众和社会是难以接受既判力这个概念的，受不公正裁判的当事人更不会接受这个概念。因为这个概念过于专业化、技术化，不是从事法律职业的人很难理解。其实，维护既判力实质上就是维护法的安定性。维护法的安定性，实质上也就是维护社会关系的稳定性。这才是问题的核心。把这个问题讲透了，人民群众才能接受这样的观点。一个案件结案以后，当事人之间可能又已经发生了好多关系，甚至是十几个法律关系。如果要把最前面已经结案的这个社会关系翻过来，那么随后发生的其他关系也要相应变动，这必将带来一系列社会关系的紊乱。我们要从维护社会关系稳定性的角度来理解和强调法的安定性。当然，也不能将维护社会关系稳定性的要求完全绝对化，不能在维护社会关系稳定性的名义下过度牺牲个人权利。在这里要考虑个人受损害的是什么样的权利，它在权利谱系中的地位如何。它是实质的还是表面的，是程序的还

是实体的，是基本的还是非基本的，这些都要认真地加以权衡。在救济个人权利时，还要注意选择对社会关系稳定性影响最小的方式，以避免引起社会关系的剧烈震荡。

二、纠正裁判错误与维护司法权威之间的关系

作为一个整体的国家司法权威，必须是建立在公正、高效、便民、廉洁等一系列基础条件之上的。如果存在大量的错误裁判，司法审判工作就不可能得到人民群众的认可，也不可能确立司法权威。具有实质错误的裁判不可能具有权威。但是从权威产生的规律来看，除了公正、高效、便民、廉洁等一系列基础条件以外，还要有其他的维护司法权威所必需的一些制度安排和设计，这是需要我们进一步研究的。我们必须在纠正裁判错误与维护司法权威之间找到一个平衡点。这个平衡点就是考察原生效裁判是否存在实质性的错误。存在实质性错误的，必须纠正。但如果只是存在一般性的瑕疵，或者是当事人对人民法院在自由裁量权范围内的具体裁量结果有不同意见，就不宜通过变动原生效裁判的方式解决问题。应当认识到，纠正裁判错误的方式多种多样，有的需要用改判的方式，有的则可以用其他方式。比如原裁判说理不够充分的，或者原裁判认定的某个事实细节存在偏差但不影响案件处理结果的，我们都可以通过裁定祛除原裁判的瑕疵，并对当事人做耐心细致的工作来解决问题。

三、司法的终局性与裁判的正确性之间的关系

可以说，就总体而言，裁判的错误总是难免的。但是，裁判的错误有大有小、有重有轻，有的对当事人实体权利有影响，有的没有影响。另一方面，司法的终局性是诉讼所必需的重大价值，如果一个案件什么时候都可以翻过来，那么社会关系就没有办法稳定，任何人都会整天提心吊胆，担心生效裁判所确立的社会关系可能在什么时候发生变化，那

么谁还敢基于生效的裁判与原当事人发生交易等关系呢？只有具有终局性的裁判结果，才能成为发生和发展社会关系的坚实基础。如果没有裁判的终局性，社会关系就不可能稳定。应当注意的是，维护裁判的终局性，并不是为了维护法院的面子，不是为了维护法院的权威，它更多的是基于人们有一个确定的生活环境和社会关系的希望。但是，如果裁判有实质性错误而又维持了，那么这个社会关系是不是能够真正地稳定，也是我们要考虑的问题。合法公正是司法审判的灵魂，是裁判的最核心价值。司法终局性必须建立在合法公正的基础之上，脱离合法公正的司法终局性，是在沙滩上建立的高塔，迟早会坍塌。所以，不能片面强调司法终局性，而对确有错误的裁判不予纠正。但这里所说的裁判正确性，也不是抽象的、绝对的，不是容不得一点点瑕疵的，而是指在整体上、实质上正确的裁判。对于生效裁判中存在的实质性错误，必须予以纠正，而对于实质性错误之外的瑕疵，要尽量用其他方式纠正，以维护司法的终局性。

四、裁判的公正价值与秩序、程序、效率等价值之间的关系

公正价值是司法裁判最核心、最重要的价值。审判监督工作的最根本任务，就是依法纠正错误裁判，实现司法公正。司法公正，应当是实体公正与程序公正、形式公正与实质公正、客观公正与主观公正、法律公正与社会公正、个案公正与普遍公正的有机统一。但是必须认识到，对于诉讼关系来说，公正绝不是唯一的价值。其他价值也是诉讼所必须追求的，因为各种价值之间是相互影响、相互关联的关系。实现司法公正需要一定的司法资源作为成本。在特定情况下，受到各种条件的制约，确实没有办法实现客观公正，而又必须及时结案。这就要求我们在追求公正价值的同时，必须关注诉讼中的秩序价值、程序价值、效率价值以及法的安定性的价值，要体现公正的程度和其他价值在特定案件中的分量，要根据具体案件对这些价值作出取舍。比如有的当事人不遵守

有关程序规定，想什么时候提交材料就什么时候提交，想什么时候提出请求就什么时候提出，这是绝对不能纵容的。

五、保证再审申请权或申诉权的充分行使与防止权利滥用之间的关系

申诉难一直是人民群众反映强烈的一个问题，也是中央高度关注的问题。以 2012 年民事诉讼法修改为契机，人民法院通过制定司法解释、调整审判力量等措施，进一步加强了相关工作。但不可否认的是，申诉难问题的彻底解决，必然是一个长期的过程。而解决这一难题的关键，首先是要保证当事人再审申请权的充分行使。但是我们在保证当事人充分行使再审申请权的同时，也要防止其权利的滥用。在我国社会发生深刻变革的当前，大量纠纷涌入人民法院。其中，部分纠纷虽然表现为诉讼，但其本质上并不是通过一个诉讼程序就能完全得到解决的，甚至可以说，有些纠纷无论裁判结果如何，都会有当事人不满意。有的当事人通过不断申诉、越级申诉、违法上访等手段，以图引起社会关注来最终实现自己的诉求甚至是不正当诉求。有一些案件，通过各级人民法院多次依法审查处理，可以确认原裁判结果是正确的，但当事人仍不息诉，继续缠诉闹访，想要通过申诉上访给政府和法院施压达到非分的目的。还有一些案件，当事人滥用再审申请权或申诉权，借以拖延时间，规避执行。我们强调保护当事人充分行使再审申请权或申诉权，并不意味着支持其滥用权利的行为。如何准确区分权利的正当行使及其滥用，如何从制度上作出安排，采取有效措施防止权利的滥用，都是需要我们进一步研究的问题。

六、保护申请人权利与维护被申请人权利之间的关系

在相当一些案件尤其是在民事案件中，当事人的权利要求是相互对立或冲突的，对一方当事人的保护和支持，往往就意味着对另一方权利

的限制或剥夺。在审判监督工作中，申请再审人的权利当然应当保护，但被申请人的权利是不是应该保护？在我们的制度设计考量中，占了多大的分量？有的被申请人被"牵着"打官司，乃至最后被拖垮，甚至家破人亡。因此，要防范对被申请人权利的侵害。从这些年来的司法实践看，在当事人提出申诉或者申请再审的案件中，大多数是原裁判没有问题的，真正有问题而再审改判的案件在全部案件中仅占很小的比例。因为申诉、申请再审对于申请人来说几乎没有什么成本，所以有相当数量的当事人抱着试试看的心理提出申请；也有的当事人明知自己的申请不可能得到支持，但出于拖延诉讼、拖延执行等目的而提出申请。在这些案件中，如何切实保护被申请人的利益，使被申请人不受案件不确定性的困扰，使被申请人的合法权益尽早实现，应当是我们在审判监督工作中要特别注意的一个问题。这个问题的解决，既需要在立法上作出适当的规定，也需要法官在处理案件时针对具体案情采取适当的措施。

七、司法的可接受性与司法的严肃性之间的关系

司法审判的效果，在一定程度上是与其可被人民群众接受的程度相关联的。某个裁判，即使完全符合法律规定，但如果不能得到人民群众的认同，不被当事人接受，那么也不可能取得最佳的效果。但是，也不能片面追求裁判结果的可接受性。在现实中，有的当事人无论法院作出什么样的判决他都不服判、不满意，就是要申诉；不管有没有道理，有多大的道理，总是要申诉。另一方面我们又强调案结事了，要息诉止争。这样一来，法院为了使当事人息诉，往往付出极大的代价。因此，司法还是要讲严肃性。要尽可能照顾到裁判的可接受性，但是它的底线，必须公正合法。离开了公正和法律的底线来强调裁判的可接受性，那会带来更多的不可接受性。追求司法的可接受性，不是任意地曲解、规避法律，而应当在法律给出的各种可能的选择中，找到一种最可被接受的处理方式。在通常的情况下，诉讼是一种零和游戏，一方当事人的利益所得，就意味着另一方当事人的利益所失。达到双赢是司法审判的

理想，但绝大多数案件很难达到双赢的结果。在任何一个案件中都做到让双方当事人满意是不可能的。但人民法院在处理案件时，应当在严格遵守法律规定的前提下，充分运用其法律智慧，努力找到一个最可能被接受的处理方式。判断是否可被接受的标准，应当是一般社会公众的通常判断标准，而不能仅仅以特定案件中的具体当事人的好恶为标准。按照通常的理解，让当事人得其所应得、失其所当失，就应当是可接受的。如果仅以具体案件当事人的满意为标准，当事人不满意就不下判，显然是损害司法严肃性的错误做法。在审判监督工作中，片面地为了让当事人满意，迁就其不合理要求，对不应启动再审的案件轻率地启动再审，对不应改判的案件随意改判，都是错误的。

八、纠正冤假错案与除暴安民之间的关系

坚持纠正冤假错案是审判监督工作的基本职责，这是我们必须坚持的。尤其是在刑事审判领域，原判有错的，必须要予以纠正。绝不可以考虑到法院的"面子"，考虑到对权威的维护，而使无辜的群众错误地受到惩罚。所以一定要坚决纠正冤假错案。但是现在也有一种倾向，我们的工作机制上也有一些问题，使一些人利用我们工作机制上的疏漏逃脱了惩罚。所以我们要十分注意处理好纠正冤假错案与除暴安民之间的关系。一方面，对于冤假错案一定要坚决排除阻力和干扰，决不能因为怕得罪人，怕影响法院形象，怕损害司法权威，怕法院承担赔偿责任，而当纠不纠或遮遮掩掩，更不能文过饰非，大事化小、小事化了。但是也要看到，有一些犯罪分子，因为在案件原审期间没能逃脱制裁，转而希望利用审判监督程序，采用非法的手段逃脱惩罚。对此我们必须提高警惕。如果原来被判处重刑的罪犯很快就被改判轻刑放了出去，或者是通过其他名义、方式逃脱了惩罚，必然会降低刑罚的一般预防功能，甚至也不利于特殊预防。应当认识到，使无罪的人免于刑事追究，使有罪的人受到法律制裁，都是人民法院及其审判人员的重要职责，二者不可偏废。使无罪的人免于刑事追究是保护人民、尊重人权的表现，使有罪

的人受到应得的制裁同样是保护人民、尊重人权的表现。救人一命，胜造七级浮屠，为民除害，惩暴安民，亦胜造七级浮屠。

九、救济的有效性与降低诉讼成本之间的关系

如果单纯地考虑救济的有效性，那么显然程序越复杂越好，救济渠道越多越好。但是，司法资源是有限的，必须在救济的有效性和有限的司法资源之间保持平衡。从为了调整和确定社会关系而投入的司法资源的角度观察，在一定程度上可以说，我们目前的审判监督程序对司法资源的利用效率还是比较低的。换句话说，我们在审判监督程序上投入了大量的司法资源，而真正重新调整和确定的社会关系却相对很少。在人民法院司法资源整体上十分有限的情况下，把大量的资源花费在纠缠旧账上，削弱了一审、二审的力量，使新的案件不能得到有效处理，必然会产生更多的申诉、申请再审案件，形成恶性循环。要尽可能降低救济的诉讼成本，这个问题也是我们在制度设计时所必须考虑到的。

十、坚持纠正错误裁判与坚持正当程序之间的关系

从现实情况看，与审判监督程序相比，一审和二审程序往往更注重正当程序的要求，其审查和审理活动更为正式和规范。但在审判监督程序中，由于法律规定比较粗疏，对许多细节没有作出硬性的规定和要求，使得有的地方不太重视审判监督的正当程序或者说程序的正当化，带来很多问题。笔者认为最需要研究的是以下几个问题。第一个问题是，对于当事人翻供或证人改变证言的，往往是仅由法官作出认定，并没有经过质证程序，那么就只能是当事人或者证人说什么法院就认定什么。这是很危险的，对此必须高度谨慎。所以，对当事人翻供和证人改变证词的，必须通过正当程序加以鉴别。凡是以翻供和变更证词作为再审裁判定案根据的，原则上必须经过庭审质证。第二个问题是，在审判监督程序中要有对立双方。在民事和行政诉讼审判监督程序中有对立的

双方，但在刑事审判监督程序中，有检察人员不出庭，这样一来，有些案件的庭审质证和辩论实质上很难有效进行，其裁判并不是在完全符合正当程序要求的情况下作出的，这就带来了多种问题。笔者认为，要在立法上进一步明确检察机关参与刑事审判监督程序的具体方式，以进一步完善司法的正当程序。第三个问题，要重点关注公平对待当事人、公平分配诉讼资源的问题。有文章介绍，检察机关提出抗诉而进入再审的案件，与向其提出申诉的案件总数相比，实际上只占不大的比例。那么，是不是其他案件就都没有问题呢？检察机关是根据什么原则来选择这些案件抗诉而其他的不抗诉呢？这里面就有一个司法资源如何公平享受和公平利用的问题。法院同样存在这方面的问题。现在申诉案件很多，往往真正进入再审程序或者被优先考虑的，是那些有领导批示、人大代表或政协委员建议的案件，还可能有些关系案、人情案。而且从案件处理程序上看，凡是驳回的案件，审判长就可以决定了，有的法院甚至承办法官就可以决定了；但对于要进入再审的案件，审判长、副庭长、庭长、分管院长、审委会要层层把关。对于进入再审程序的案件，其公正性一般不会有多大问题。有必要担心的是，那些没有进入再审的案件，到底是不是都没有问题？这些都涉及审判监督程序如何正当化，审判监督资源如何公平利用的问题。

第九章　执行工作之基本关系

　　执行工作是法院工作的重要组成部分，直接关系到法律的尊严和法院的形象，关系到社会的和谐稳定。近年来，全国法院倡导能动司法理念，在加强和改进执行工作方面有针对性地采取了一系列有效措施，有力促进了执行工作的发展。但从总体上看，"执行难"的问题仍未从根本上得到解决，执行工作仍是社会关注的热点、焦点。唯物辩证法告诉我们，事物是普遍联系的矛盾的统一体，要实现事物的不断前进，不能用孤立、静止的观点和方法，而要用全面、发展的观点和方法看待问题、处理问题。执行工作也是如此。在新的形势下，要有效化解执行难，推动执行工作的科学发展，必须坚持统筹兼顾、全面协调、突出重点、循序渐进。具体来说，要正确处理和把握好十个方面的关系。

一、执行权与执行根据形成权的关系

　　执行根据形成权，是指作出可供执行的生效法律文书的裁判权，包括法院判决、裁定、决定、调解书以及仲裁机构出具的仲裁文书等，其实质是审判权。审判权是判断权，执行权总的来说属于实施权，两者在性质上有本质区别，工作中要正确处理好两者之间的关系。

　　第一，执行权应当忠实于而不能违反审判权的意旨。执行权本身具有行政权与司法权的双重属性：一方面，执行主体按照生效法律文书确定的权利义务关系，强制债务人履行义务，性质上应属于行政权；另一方面，执行主体对执行工作中出现的有关争议可以直接进行裁决，性质上又属于司法权。执行权的行使，无论是体现行政权属性还是司法权属性，都应当忠实于而不能违反形成执行根据的审判权，因为审判权是执行权的前提和基础。实践中，需要重点把握的是，执行权中的裁判权与审判权的适用对象和范围的关系问题，即哪些问题可以在执行程序中通过执行裁判权解决，哪些必须通过另行启动诉讼程序解决。关键是要看当事人的争议是否涉及执行根据本身的公正和合法性问题。如果当事人对据以执行的判决、裁定等的正当性提出异议，则不能由执行裁判权来解决，只能通过审判监督程序来解决。但对于执行工作中涉及是否变更执行主体、执行案外人财产等问题，因为不涉及执行根据本身，则可以通过执行裁判权予以解决。不过为了确保执行裁判的公正，这种解决途径必须遵循诉讼程序的一般原则，如组织听证、质证，并由审判组织集体研究作出决定，一方对处理结果不服，可以向上一级法院申请复议。

第二，审判权的行使应当为执行权的行使创造条件。首先，要树立审执协作配合意识，为案件顺利执行打好基础。审判和执行都是法院工作的重要组成部分，都是为大局服务、为人民司法的具体实践，不能各自为政。要加强配合意识，实现良性互动。审判阶段不能就案办案，要增强前瞻性，为案件的顺利执行打下良好的基础。其次，要实行执行关口前移，通过审判辅助措施促进执行。要注重对当事人进行"风险告知"。根据案件的实际情况明确提示当事人胜诉时可能面临的执行风险，使当事人增强执行风险意识，积极主动地收集被告方的财产线索。要注重财产保全对执行的重要意义。依法大量运用财产保全，对当事人提出诉前及诉讼财产保全申请，条件具备的应予以支持。要对某些生活困难、生产经营急需的当事人，依法采取先予执行措施，提前实现执行效果。最后，要实现审执有效对接，通过提高审判质量促进执行。要加大调解工作力度，能当庭调解给付的尽量促成当庭给付，不要推向执行阶段；不能当庭给付的，也要引导双方签订切实可行的给付方案，便于今后执行。针对当前刑事附带民事判决中民事赔偿部分难以执行的现状，要加大审理中的调解力度，对因民间矛盾、婚姻家庭纠纷引发的部分案件，要将民事赔偿情况作为对被告人量刑的酌定情节予以考虑，减少进入执行程序的案件数量。要切实提高文书质量，执行标的必须明确具体，避免因文书质量不高，裁判表述有瑕疵，给执行带来不确定因素。还要在宣判时主动对当事人应当履行的义务进行释明，明确告知当事人不履行裁判所确定的义务的法律后果。

第三，执行权应充分发挥对审判权的弥补和延伸作用。进入执行程序后，当事人针对形成执行根据的裁判文书确定的内容提出疑问或是异议的情况并不少见，此时就要发挥执行权对审判权的弥补、延伸作用，实事求是地作出灵活处理，无需对当事人提出的所有异议都经过裁决程序，那样既有违及时高效原则，又浪费司法资源。具体而言，对涉及执行标的计算方面问题的，只要根据裁判要旨，依据有关计算法则进行明确即可；对裁判文书的理解出现歧义的，要在征求作出原裁判文书的审判庭意见后，按照有关解释规则作出合理解释，并予以答复；对据以执行的裁判文书确有错误，但不影响裁判要旨的，要联系有关审判庭进行及时修正或补充。执行权可以在一定范围内弥补审判权的不足，但不能代替审判权。在执行中发现原裁判存在问题，要主动与审判庭协调，提出适当的解决方案，共同维护司法裁判的统一性和严肃性，不能擅作主张，任意解释，也不能向审判庭一推了之，相互推诿扯皮，损害法院形象。

二、实现申请人债权与保障被执行人及案外人权利的关系

在"人权入宪"的时代，公民、法人和其他组织的合法权益受宪法和法律保护，非经法定程序，任何组织和个人不得加以侵犯，这是市场经济健康发展的内在要求，也是社会主义和谐社会以人为本的充分体现。民事强制执行从本质上讲，是国家公权力强制介入私权领域的活动，必须严格依法进行，对执行过程中涉及的所有民事主体，包括申请人与被执行人以及案外人的合法权益都要一视同仁、平等地加以保护。既要想方设法最大程度地实现申请人的债权，又要确保被执行人及案外

人的合法权益不受侵犯，不得以侵害他人合法权益为代价来实现申请人的债权。处理好实现申请人债权与保障被执行人及案外人合法权益之间的关系，要找到最佳的平衡点。

第一，要将实现当事人的债权作为首要任务。实现当事人债权与保障他人权益是充分行使执行权必须平衡的两个方面，既不能只强调实现申请人债权，忽略对被执行人及案外人合法权益的保护，亦不能过分强调对被执行人及案外人权益的保护，不敢放手开展工作，导致执行效果大打折扣，实际上损害申请人的债权利益。实现当事人债权与保障他人权益是一个问题的两个方面，二者同等重要，没有孰轻孰重的问题，统一于执行权功能有效发挥这个总的范畴。但是，如何有效实现申请人的债权应是执行机构应当考虑的首要问题，因为强制执行的直接目的是实现申请人的债权，离开申请人的债权保护，谈被执行人及案外人的权益保护只能是空谈。

第二，执行的天平应当向守法者、诚信者倾斜。执行工作中经常遇到申请人与被执行人都面临困境的情况，难以继续执行，有的被执行单位甚至组织员工上访闹访，迫使执行限于停顿。这就出现实现申请人债权与保障被执行人权益如何平衡的问题。在这种情况下，应该有一个明确的价值取向，那就是执行的天平应当向守法者、诚信者倾斜，因为同样是面临困境，但申请人面临困境的原因至少包含被执行人不守法、不讲诚信的因素，从法律上、道义上讲，被执行人一般都有过错，如果听之任之，以所谓保障被执行人权益的名义将执行工作停下来，实际上就是支持、纵容了那些不讲诚信者，势必起到不好的导向作用。当然，我们说执行的天平应当向守法者、诚信者倾斜，并不是说要完全无视和剥夺被执行人的基本生存权。依法保障被执行人的生存权是人权保障的基本内容，这是宪法原则，人民法院应当无条件地贯彻执行。

第三，执行案外人的财产必须有充分的依据。执行案外人财产是执行工作中常见的执行措施之一，也经常引出执行异议和复议。案外人毕竟不是被执行人，要执行其名下或实际控制的财产，必须有法律法规或司法解释的明确规定，或者是具有非常正当的理由，以确保其合法权益不受侵犯。比如私营独资企业、合伙组织、合伙型联营企业、企业分支机构、被执行人依法分立、开办单位注资不实或抽逃资金、主管部门或开办单位无偿接受财产等，都可能成为执行案外人财产的理由和根据，但是必须要核实其是否具有法律上的权利义务承继关系。没有法律根据，或者没有非常正当的理由，不能执行案外人的财产。否则，就可能涉及对合法权益的侵犯。

第四，对不履行义务的被执行人应区别对待。中国古代有"执法原情"之说，强调执法不仅要考虑案件本身的是非曲直，还要通达社会人情，追求好的社会效果，这对构建和谐社会具有重要意义。对未能履行义务的被执行人，要在查明原由的基础上，针对不同情况实行区别对待：对那些完全有履行能力，却恶意规避执行、消极执行，甚至抗拒执行的被执行人，一定要坚决依法予以打击，强制其履行义务；对那些暂时有履行困难的被执行人，可以采取"债转股"、"放水养鱼"等灵活的执行措施，暂缓或变通执行，避免"竭泽而渔"，为其创造生存发展空间；对被执行人确实没有财产可供执行，甚至连生计都难以维持的，要坚持人道主义，给其留下必要的劳动工具、生活用品以及必要的费用，还可以建议有关部门依法救济。实践中要注意辨别被执行人面临的困境是否属于真正意义上的生存困境，应该说，真正面临生存困境的被执行人是极少数，对那些具有履行能力，而打着"要生存、要吃饭"名义规避执行的，要依法坚决执行。

第五，要建立有效的执行权利救济制度。民事诉讼法规定，当事人、利害关系人、案外人对执行决定或执行行为不服的，可以提出异议、复议甚至申诉。强制执行异议程序的设立带来两方面的效应：一方面，被执行人及相关主体在执行过程中主张、维护自身权益的渠道更为畅通，执行机关也更加注意执行行为的合法性、正当性，针对执行行为采取直接抵制甚至暴力抗法的现象明显减少；另一方面，有的被执行人出于某种目的，滥用救济制度，对人民法院作出的执行决定不停地提出异议、复议或申诉，企图拖延执行时间，最终达到规避执行的目的。对此，要充分认识设立执行权利救济制度的重大意义，对被执行人的异议、复议和申诉，该受理的要受理，该作出决定的要及时作出决定。不能因为其提出的理由明显站不住脚而置之不理，从而违背程序公正。同时，对滥用执行救济权，拖延、规避执行的，要有针对性地采取措施，确保执行程序的公正与效率的平衡。一要依法控制财产，查封、冻结期限即将届满的，要及时办理继续查封、冻结手续，切不可因工作脱节造成执行落空。二要明确告知被执行人故意拖延执行的不利后果，促使其权衡利弊，不做徒劳之举。三要强化专门处理执行异议、复议和申诉的机构职能，提高异议、复议和申诉处理的专业化水平，加快审理进度，以免贻误时机。

第六，要依法设立执行救助制度。执行救助，是指穷尽一切执行手段后，被执行人仍无可供执行的财产，而申请人存在生活或医疗方面的特别困难的，按照特定程序和标准给予申请人适当救助的制度。要在党委领导下，以政府为主导，法院积极推动，建立规范的执行救助制度，将救助经费纳入财政预算，对救助的对象、金额、程序等作出明确规定，做到有规可依、有章可循，把好事办好。刑事附带民事执行方面的被害人救助制度已经在全国范围内建立起来，实践证明效果良好。落实执行救助制度，应注意以下问题：一是要严格控制救助范围，应主要针对交通肇事、人身损害、赡养抚养、刑事附带民事等诉讼中的特困群体，那些因商业投资行为发生纠纷、执行无望导致生活困难的当事人一般不在考虑之列。二是严格审查救助条件，既要审查申请人是否存在生活困难的特殊情形，又要审查被执行人是否确无财产可供执行，防止弄虚作假。三是救助过程要体现公开透明，避免救助方面的随意性，带来人情案、关系案，防止因救助不当引发新的矛盾。四是不能据此免除被执行人的义务，查明其有可供执行财产后需继续执行，执行到位的款额能补足申请人执行标的的应首先予以补足，超出部分可纳入救助资金。从长远看，执行救助应纳入整个社会保障体系。

三、自主执行与借助外力执行的关系

所谓自主执行，是指人民法院完全依靠自身的力量来实现申请人的债权。借助外力执行，是指人民法院在执行过程中，借助党委、人大、政府等的支持，有协助义务的组织和个人的配合，以及执行当事人、案外人的自觉履行等来实现申请人的债权。实践中，绝大多数案件的执行都需要在一定程度上借助外力。因此，开展好执行工作，要处理好自主执行与借助外力执行的关系，既要充分发挥自身力量，又要有效借助外部力量，将两种力量形成合力，确保实现执行目的。

第一，开展执行工作最根本的还是要靠人民法院自身。执行工作必须主要依靠人民法院自身力量进行，离开自身力量，执行工作将成为无水之舟，难以行进。外部条件再好，如果自身不努力，还是完成不好执行任务。依法公正审判并确保生效裁判得到有效执行，是宪法和法律赋予人民法院的神圣职责，不容推拖。人民法院要充分挖掘自身潜能，优化配置执行力量，完善相关制度，不断提高执行工作能力和水平。

第二，应强调执行申请人有责任承担相应义务。我国民事诉讼法在执行程序中未规定申请人必须提供被执行人及其财产状况的义务。但事实上，除了债务人本人之外，应该说只有债权人对债务人的财产状况最为关心，对债务人的调查也最有积极性。民事执行实现的债权在性质上是私权，强调债权人在申请执行的同时有提供被执行人财产状况或财产线索有理论依据，也有现实的必要性。为充分发挥申请人的积极作用，在强化其举证义务的同时，还要探索赋予申请人及其代理人一定的财产调查权，明确申请人及其代理人可以向执行法院申请财产调查令；不履行协助调查义务的，应受罚款、拘留等处罚。

第三，要科以被执行人财产申报与财产变动报告的义务。一般来说，最了解自己财产状况的是被执行人。过往执行案件需要执行机构花费大量精力去查找被执行人的财产，而且效果不佳。强化被执行人的财产申报义务，能取得事半功倍之效。鉴于此，我国民事诉讼法明确规

定，被执行人未按执行通知履行法律文书确定的义务，应当报告当前以及收到执行通知之日前一年的财产情况。被执行人拒绝报告或者虚假报告的，人民法院可以根据情节轻重对被执行人或者其法定代理人、有关单位的主要负责人或者直接责任人员予以罚款、拘留。要充分运用民事诉讼法规定的财产申报制度，拓宽、细化被执行人报告财产的内容，加强对财产报告情况的核查，对被执行人拒不申报或者经调查发现申报不全或不实的，要加大惩处力度，否则被执行人报告财产的制度就会逐步流于形式。

第四，要发挥特定机关、部门和个人的协助配合作用。执行工作进行中经常需要其他国家机关、有关单位和个人的配合与协助，特别是那些掌管钱物、管理档案和证照移转手续的部门的协助，这种配合和协助是执行工作顺利进行的前提和保障。执行人员要提高与有关部门和单位打交道的能力，做到依法执行、文明执行。要注重沟通协调，充分发挥特定协助人的积极性、主动性，避免因方式方法不当，造成对方情绪抵触，影响执行进程和效果。同时，对那些没有正当理由拒不履行协助义务、损害申请人债权利益的，要抓住典型，通过法律程序，让其承担相应的责任，以促进执行环境的改善。

第五，要建立有效的执行联动机制。要从中国特有的民情社情出发，发挥党委统一领导的政治优势，协调全社会的力量，积极协调配合法院执行工作，建立执行联动机制，共同解决执行难问题。在中央政法委领导下，最高人民法院牵头与21家中央国家机关会签了有关建立执行联动机制的文件，在制度上明确了有关党政管理部门在协助配合执行工作上的职责。各高级法院也要借此东风，积极加强与地方各有关部门的沟通协调，争取以省人大决议或者省"两办"文件形式转发建立执行联动机制的文件。要通过制定执行联动机制的实施细则，进一步明确各有关部门协助执行的职责，加大对干扰、逃避、抗拒执行等行为的查处力度，简化协助执行的工作程序，提高协助执行效率。对故意拖延、规避协助执行义务的，由其主管部门及时予以通报批评。对拒不协助执行或利用国家机关工作人员职权妨害执行造成执行不能的，依法追究直接责任人和主管人员的行政责任或刑事责任。为使执行联动机制切实发挥作用，要建立起一整套操作性强的运行和管理机制，设立常设办事机构，负责具体的联络工作。

四、强制执行与和谐执行的关系

人民法院的执行工作以国家的强制力为后盾，通常需要采取强制手段，但是，执行工作不能完全依赖强制手段，必须倡导并推行和谐执行理念，这是历史经验的总结，也是当前构建社会主义和谐社会的必然要求。这是因为：其一，任何强制手段都有两面性。一方面，强制手段确能在短期内迅速起到一定的规范、调整作用，具有积极效应；但另一方面，强制手段的实施，必然在一定程度激起被强制对象的反抗心理，难以获得其思想上的认同。其二，强制手段的频繁适用会产生效力递减效应。强制手段用得越多、越频繁，其作用就会不断递减，难以持续发挥功效。其三，强制手段用得过严、过多可能激化社会矛盾。强制手段越严厉、适用的对象越多，激化社会矛盾的可能性就越大。其四，构建和谐社会必然要求逐步减少强制手段的适用。构建和谐社会并不排斥强制手段，但过多适用强制手段显然不是和谐社会的应有之义，特别是在当前社会矛盾相对突出的转型时期，更需要强调和谐执行，尽可能地减少强制手段的运用。但是，强调和谐执行也是相对的，如果片面强调和谐手段而忽略必要的强制手段，必然导致混乱，走向另一个极端。因此，强制执行工作要以和谐理念为指导，和谐执行则需要以强制手段为后盾，要根据不同情况采取不同的执行方式。总的要求是，要尽可能地减少强制手段的适用，目的是为了更好地化解当事人之间的矛盾，维护良好的社会秩序，促进社会和谐。

第一，要在执行过程中坚持以人为本的理念。以人为本是科学发展观的核心内容，也是构建社会主义和谐社会的本质要求。在执行工作中坚持以人为本，就是要尊重和保障人权，设身处地为当事人着想，认真听取当事人的意见，充分考虑当事人的感受，完善便民、利民的各项措施，在不违背法律和原则的情况下，尽可能地为当事人提供便利，以更好地维护其合法权益。对包括被执行人在内的困难群体和社会弱势群体，要给予人文关怀，对存在特别困难的，还可以出于人道主义考虑，建议有关部门给予适当救济。

第二，要尽可能地促进自动履行。执行人与被执行人的矛盾，归根结底属于人民内部矛盾。要"寓教于执"，把教育、引导、宣传贯穿于执行过程始终，着眼于通过思想工作促使被执行人自动履行，只有在其既不接受教育又不履行义务的情况下，才可以采取强制执行措施。"善战者不战"。不动用强制执行手段，但能促进被执行人自动履行，是最高明的执行手段，也是最经济的执行手段。要提高做思想教育工作的实践能力，要研究被执行人心理，讲究策略，必要时要主动联系被执行人的亲戚、朋友以及当地基层组织，由他们出面多做工作，促使其自动履行。

第三，要强化执行和解，力争实现双赢。通过采取有效手段，积极促进当事人执行和解，是高质量执行、高效益执行、高水平执行，是化解当事人双方矛盾、实现双赢的理想模式，是执行工作的上上策。实现这一目标，要求从更高起点、更高层次、更高水平上去思考和做好执行工作。必要时，人民法院还可主动联系协调有关部门帮助被执行人度过难关，既能盘活被执行人资金，又能保障申请人债权的实现。过往各地创造了诸如债权转股权、合作开发等实现当事人双赢的执行和解方式，应进一步总结经验。值得注意的是，在引导当事人双方签订和解协议时，要注意履行方式的切实可行性，避免因履行方式上的不明确、不具体，导致执行中产生分歧和争议，再次引发矛盾，影响执行效果。

第四，要实行间接强制措施优先适用原则。广义的执行强制措施分为直接强制措施和间接强制措施。直接强制措施就是通常所说的罚款、拘留等措施，间接强制措施就是近年来推行的对不履行义务的债务人公开曝光、降低信用等级、列入当地不讲诚信"黑名单"以及限制高消费、限制出境等信用惩戒手段。同样是采用强制措施，要尽可能地先适用间接强制措施，对被执行人融资、投资、经营、置产、出境等活动依法采取相应的制约措施，加大失信者的违法成本，压缩不法逃债者的活动空间，迫使其自觉履行义务。采取上述手段仍不足以震慑被执行人的，如查明其属于确有履行能力而拒不履行，则要直接采取罚款、拘留等直接强制措施。

第五，要在适用直接强制措施时坚持谦抑原则。与审判的相对消极、被动性不同，执行工作在更大程度上需要主动作为，但从社会效果考虑，为了实现执行目的，在采取执行手段时必须适度，保持理性和克制，要在目的和手段之间保持一种均衡关系。尤其是在适用直接强制措施的时候，要坚持谦抑原则，能不适用直接强制措施的，尽可能地不用直接强制措施，能少用的也要尽可能地少用；被执行人拒不执行的，也应首先针对被执行人的财产采取查封、冻结等强制措施；需要采取罚款、拘留措施的，能用罚款手段解决问题的，尽量不要采取拘留手段，同样是罚款，能用较小罚额达到惩戒目的的，尽量不用大额罚款；在迫不得已的情况下，才能采取直接限制被执行人人身的强制措施。直接强制措施的适用一定要慎重，要尽量选择负面影响最小、成本最低的手段，以减少不和谐因素。

第六，要对恶意规避执行、抗拒执行的行为坚决依法予以制裁。强制执行手段与和谐执行手段是相对而非绝对的。在某些情况下可能强调和谐手段多一些，某些情况下可能又要突出强调强制手段。对具体情况要作具体分析，不能一概而论。针对执行工作中出现的恶意规避执行、严重暴力抗法事件等，为了维护法律尊严和法院权威，就必须坚决果断地采取严厉的强制手段予以惩戒，该罚款的罚款，该拘留的拘留，该追究刑事责任的要追究刑事责任，绝不能让这种规避或抗拒执行的行为形成风气，绝不能让不法逃债者占到经济上的便宜。在执行过程中，要注意收集、固定被执行人恶意逃债、暴力抗法的证据。各级法院处理时要理直气壮，依法进行，必要时积极争取党委、政府的支持，确保处理到位，争取最佳制裁效果。

第七，要抓好正反两个方面的典型。在处理强制执行与和谐执行的关系方面，还要注意抓好正反两个方面的典型，通过抓典型促执行。对那些自觉履行义务的当事人，特别是那些当事人双方在法院的主持下消除对立情绪、达成和解协议后，实践证明实现了双赢的和谐执行典型案例，要加强宣传，着力营造执行工作的和谐氛围。同时，对强制执行的典型，尤其是对采取暴力手段抗拒执行的查处情况，也要有选择地进行曝光，增强威慑力。要注意选准宣传的角度，讲究艺术，对那些暴力抗法事件的曝光最好要等到有了处理结果后一并曝光，让全社会都知道，暴力抗法是要承担相应的法律责任的，这样才能起到应有的震慑作用。如果不注意策略，仅仅是曝光暴力抗法行为，看不到处理结果，不但起不到应有的震慑效果，反而可能会起到一定的误导作用，必须切实加以改进。要通过抓强制执行与和谐执行的典型，发挥正反两方面的示范作用，引导社会形成诚信守法的良好氛围。

五、对执行权的保障与对执行权的监督的关系

要使执行权充分、有效运行，实现权力设置功能的优化，既要强化相关保障，为执行工作创造良好的条件，又要加强监督制约，确保执行权的行使不偏离正确轨道。

（一）强化对执行权的保障，是开展好执行工作的前提和基础

执行权是一种法律赋予的强制权，如果缺乏相应的保障制度，执行权的功能势必难以发挥，特别是在当前我国法治水平还不高、民众的守法意识还不够强的情况下，强调对执行权行使的各项保障显得尤为重要。

一是要在法律上充分授权。我国目前尚未制定统一的强制执行法，2007 年民事诉讼法的修改虽然对强制执行部分的规定加以完善，但仍不能适应执行工作的现实需要，在执行工作不断面临新情况、新问题的

形势下，执行权需要进一步强化。

二是要加强机构和人员保障。要统一执行系统内设机构及职能，建立公正、透明、高效的权力运行机制；建立执行指挥中心，有效整合执行力量，处理涉及执行工作中的重大问题；在党委领导下尽快设立协调各部门关系的常设机构，确保执行联动机制有效运转。要根据执行工作的实际需要，确保实现中发〔1999〕11号文件规定的执行人员比例不少于全体干警现有编制总数15%的要求，配齐配强执行人员；不断加强对执行人员的培训，确保队伍公正、廉洁司法；强化和规范司法警察参与执行实施工作，完善人民陪审员参与执行制度，增强执行队伍的整体实力。

三是要加强物质保障。要加大执行物质投入，对执行工作所需的经费和装备给予切实保障，确保在办案经费、车辆、通讯、网络以及摄录设备等方面满足工作需要，增强执行工作快速反应能力。

四是要加强职务保障。要理顺审判人员与执行人员的关系，确立执行人员应有的法律地位。要协调解决执行机构及人员的职级待遇，按照规定应适当高配的要切实落实政策。

五是要加强安全保障。执行工作责任大，风险也大，近年来针对法院工作人员特别是执行人员的暴力抗法、人身伤害事件时有发生，致死、致残执行人员的恶性事件也偶有发生，社会危害性极大。加强执行人员的安全保障成为摆在当前的突出问题。除了加强执行人员的自身防范意识之外，要进一步加大物防、技防等硬件设施投入力度，在办公场所配齐安检设备，重要区域安装监控设备，为外出执行人员添置必要的警用装备，切实提高安全保卫能力。在执行一些重大、敏感案件时，必须事先掌握大量信息情报，经过研究预测，对案件执行可能存在的风险进行综合评估，制定一套或几套执行预案，做到有的放矢，从容应对。要建立起有效处理各种紧急情况和突发事件的执行快速反应机制，与公安、检察、武警建立联动防范机制，增强应对力量，提高应对能力和水平。

（二）加强对执行权的监督，是确保执行公正高效的重要手段

不受监督的权力必然导致腐败。从前些年执行工作中反映出的问题来看，执行领域中的司法腐败、消极不作为以及乱作为的现象较其他审判领域明显突出，可见，加强对执行权的监督尤为重要。

一是要搞好执行权的优化配置。要根据分权制衡的原则要求，对执行权按照其性质和流程大致分解为执行决定权、执行实施权、执行裁判权、执行监督权、执行标的分配处置权等，交由不同的内设机构和人员行使，防止权力过分集中，突出执行机构和人员的相互配合、相互制约作用，彻底杜绝过去由承办人从执行审查到具体实施一包到底的做法。

二是要建立重点环节和关键节点的风险防范机制。要围绕执行工作中的财产调查与查封，委托评估、拍卖、变卖，变更被执行人主体，执行案外人财产，执行款物的保管与交付，执行中止与终结，执行担保等容易滋生腐败的重点环节进行重点监督，严格加以规范，作出硬性规定，设定约束禁令，增强工作透明度，杜绝暗箱操作和乱执行。

三是要实行规定时间内必须完成"规定动作"的流程管理制度。建立执行案件流程管理机制，就是要对各类执行案件的受理、分案、移转、中止或终结等环节进行规范，明确各个环节的办理期限、质量标准、职责权限以及各环节之间相互衔接的具体要求，也就是说，在规定时间内必须完成"规定动作"，把执行工作的监管贯穿于执行工作的全过程。要坚持权责一致的原则，明确划分各个环节的权限，规定相应的办理责任。在规定时间内未完成"规定动作"，影响案件流转进程，属于承办人个人原因的，必须限令纠正，确保案件得到及时、高效的处理。要注意流程管理机制的科学性，制定的流程管理要贴近执行工作的实际，符合执行公正与效率原则，便于操作。同时还要将流程管理制度与绩效考评制度进行对接，避免脱节，真正发挥制度应有的激励约束功能。

四是要发挥廉政监察员制度的近距离监督职能。最高法院推出的廉

政监察员制度，是对人民法院反腐倡廉制度创新的一次重要探索，有利于将人民法院内部监督的触角延伸到办案第一线的每一个办案环节，实践证明是实行近距离监督的有效形式。各地法院要配齐配强执行系统的廉政监察员，规范其职责权限，完善履职保障，确保廉政监察员能适时、直接对执行全过程进行近距离的、全方位的监督。

五是要对执行人员适时调整、交流。对执行人员的交流，既要遵循审判、执行岗位人员交流的一般原则，又要结合执行工作岗位的性质和特点进行。对那些能力强、作风好的人员，应首先考虑在执行局内设机构之间适时交流。对长时期在执行局工作，确有必要交流到审判及其他部门的人员，要有计划、分步骤地交流。对那些明显不适宜继续从事执行工作的人员，要及时进行调整。

六、治理内部问题与优化外部环境的关系

"执行难"问题的产生和长期存在，是各种因素相互交织、各种矛盾相互作用的结果，既有法治环境欠佳、社会信用体系不健全、立法相对滞后等外部因素，也有执行队伍素质不高、机制不畅、规范力度不够等内部因素。人民法院要力克执行难的问题，既要强调内部治理，也要强调外部治理，二者不可偏废。

（一）治理执行难必须首先强调严于"治内"

之所以强调首先必须"治内"是因为：第一，执行难虽是诸多因素综合作用的结果，但从唯物辩证法的观点来看，内因是根据，外因是条件，外因通过内因起作用；内因治理得好，外因的影响就小，反之就大。第二，执行工作只有通过狠抓自身建设，将内部治理好了，才能与外部环境形成良好的互动关系，直接或间接影响外部环境朝有利于执行难问题解决的方向发展。也只有这样，才能理直气壮地争取党委、人大、政府和社会各界对执行工作的支持与配合，最大程度地改善执行工作的外部环境。第三，从历史经验和教训来看，多年来执行工作中出现

的问题较其他审判领域明显突出，在一定程度上损害了司法权威，有时也成为诱发执行难的原因。"正人先正己"，"打铁还需自身硬"。人民法院不花大力气强化内部治理，解决执行难问题就难以赢得全社会的理解与支持。

（二）要突出抓好内部治理的"三项重点工作"

执行难的内部治理是一个系统工程，需要在队伍建设、机制完善、执行创新等方面下功夫、做文章，务求取得新的突破。但目前的重点是要切实治理好消极执行、乱执行和腐败现象三大问题。

一是要治理消极执行问题。执行工作中的消极不作为问题，是内部治理方面最为突出的问题。解决消极执行问题，关键要在建立无财产可供执行案件程序退出机制的基础上，切实加强对有财产可供执行案件的流程管理制度，强化对执行工作每一个环节的监督，并纳入绩效考核体系。对当事人反映执行不力、消极执行、拖延执行等问题的，要及时核查，迅速处理。

二是要治理乱执行问题。乱执行的问题虽然相对于消极执行来说比例要小，但一经暴露，将带来严重的负面影响，而且乱执行问题往往隐含着司法不廉的问题，必须高度重视，并采取有效措施加以治理。重点是要强化执行工作的规范化建设，对各个环节的执行行为进行约束，确保严格依法执行。

三是要治理执行工作中的腐败现象。执行工作中的腐败现象问题，是人民群众最为关注的问题，近年来通过狠抓廉政教育和制度建设，取得明显成效，但绝不能有丝毫放松。要注意抓早抓小，做到关口前移，防范在先。

（三）要通过"五个反制"强化外部治理

治理执行难，没有必要的外因条件，再好的内因也发挥不了应有的作用。改善执行工作的外部环境，加强执行难的外部治理，必须针对当前影响执行工作的一些突出问题，研究强有力的反制措施。概括起来，就是要着力进行"五反"。

一是反规避执行。人民法院生效法律文书所确认的权利能否实现，不仅取决于执行功能的发挥，也取决于被执行人的履行能力。而被执行人有无履行能力，必须通过一定的形式来体现。由于诚信观念的缺失，实践中相当一部分有履行能力的被执行人采取各种手段规避执行，已成为一种普遍现象，有的甚至在案件审判阶段预期要败诉时就挖空心思着手实施规避行为。主要表现为，有的被执行人隐匿行踪，有的直接或间接转移、隐匿财产，有的采取赠与、低价转让、怠于行使债权等方式恶意处分财产，有的采取种种方式拖延、阻碍执行等，给执行阶段查找被执行人及其财产带来困难。针对规避执行现象，要推动建立和完善社会诚信体系，确保能快速有效地发现和查控被执行人及其财产，还要多层面构筑失信惩戒机制，加大被执行人违法失信的成本，增强全社会诚信守法意识。

二是反暴力抗法。暴力抗法，是指被执行人、负有协助义务的单位、个人以及案外人无视法律尊严，公然以暴力、威胁或其他方法妨碍、阻止法院执行的违法犯罪活动。暴力抗法行为比较普遍，几乎没有哪个法院能够避免，成为多年来干扰法院执行工作的一大顽症，严重威胁着执行人员的人身安全，影响和制约了执行工作的正常开展，损害了人民法院的权威，破坏了国家的法制形象，必须采取有效措施坚决予以遏制。首先，要强调依法执行、文明执行，并充分保障被执行人及案外人的执行救济权；其次，要建立起应对暴力抗法的快速反应机制，确保处置工作的及时高效；最后，要加大对暴力抗法者，特别是组织、策划和带头闹事者的制裁处理力度，起到应有的惩罚、震慑和警示作用。

三是反非法干预。执行阶段是矛盾和利益冲突最为激烈的阶段，有的被执行人为达到个人目的，不惜调动一切社会力量来对抗法院的执行。由此出现有的地方和部门从本地区、本部门的局部利益出发，以"发展经济"、"维护稳定"为由干预执行；有的地方领导对执行工作超越职权进行批示或打招呼，提出具体处理意见；有的人大代表、政协委员甚至新闻工作者接受一方当事人请托，利用其特殊身份影响执行。对此，要建立健全相关工作机制，增强抗干扰的实效性。要加强工作方式方法上的针对性，善于做工作，注重沟通，取得各方面对依法执行的理解和支持；要创新执行工作体制，对可能受到干预的重点案件，采取提级执行、交叉执行、指定执行、挂牌督办等形式，斩断非法干扰的链条；还要有依法办事的勇气和决心，对那些执意干扰执行的，要敢于坚持原则，顶住压力，排除干扰，依法公正执行，通过实际行动表明人民法院依法办事的勇气和决心。

四是反消极协助。"协助执行人难求"，一直是执行难的重要表现之一。近年来，在执行工作中，负有协助义务的单位和个人公然拒绝协助的现象有所减少，但以各种形式消极不作为的情况还大量存在。有的提供虚假信息，隐瞒事实真相；有的制造种种借口，拖延履行协助；有的借机通风报信，帮助转移财产；有的大搞阳奉阴违，实际不予协助。消极协助行为严重影响执行效果，损害司法权威，必须从根本上治理。要切实发挥执行联动机制的作用，增强有关单位和个人的协助执行意识，加大拒不协助执行行为的查处力度。

五是反非法侵占。执行程序中，有关当事人、案外人通过制造虚假的债权债务关系主张权利，既损害有关当事人和其他合法债权人的权益，又在一定程度上干扰人民法院正常的司法活动。近年来当事人通过虚假诉讼，企图逃避债务、侵占他人合法权益的现象屡见不鲜。反非法侵占的重点是要加大证据审查力度，对当事人提供的拟证明一定债权债务关系成立的有关证据，特别是对债务产生的时间、地点、原因、用途、支付方式、支付依据、基础合同以及债权人的经济状况等要进行细致审查，增强警惕性，防止欺诈。同时，对经查证的欺诈行为，情节较轻的，依法适用训诫、罚款、拘留等惩戒措施；情节严重、造成一定损害后果的，除了及时采取执行回转等救济措施外，还要依法严肃追责，直至追究刑事责任。

七、规范执行行为与促进执行创新的关系

执行行为涉及国家强制权的运用，关系到当事人财产关系的重大调整，甚至是人身自由的剥夺和限制，必须严格进行规范，否则就可能发生强制权的滥用，造成对权利的损害，最终导致法律秩序的混乱。所谓规范执行行为，就是要求执行行为必须严格按照法律规定进行，既要按法定程序采取相关执行措施，又要按实体法律规范作出相关执行裁决，公正解决当事人提出的有关异议等问题。当前规范执行行为，就是要制定具体、明确、操作性强的行为规范，形成系统的规章制度，覆盖执行工作的各个环节、各个方面，并在执行实践中认真贯彻执行。

执行行为需要规范，这是确保执行工作依法进行的基础。同时，由于执行工作相对于其他审判起步较晚，面临的新情况、新问题更多，为适应形势发展的需要，增强执行工作的实效性，又必须强调有所创新。其必要性体现在：第一，我国至今尚未制定独立的强制执行法，执行程序仅作为民事诉讼法中的一篇，虽然经过了 2007 年和 2012 年的修改，但相关条文仍然很少，对执行工作中的许多热点、难点问题仍然没有涉及。已有的立法规定都比较原则，相关司法解释的出台又显得滞后。与执行相关的其他配套法律也不够完善，缺乏具体操作规则。第二，执行工作是一项难度比较大的工作，当事人规避执行的手段花样翻新，仅仅依靠法律规范不足以从根本上解决执行难。第三，具体执行案件千差万别，情况不一样，为追求最佳的社会效果，需要创新思维，进行个别化处理。

执行创新的空间大、范围广，具体可从以下五个方面着手：一是执行理论和理念的创新。理论创新就是要深入思考执行工作的指导思想、执行权的性质、执行权与审判权的关系等重大理论问题，探索建立中国特色的执行法律制度和工作机制；理念创新就是要树立能动执行、和谐执行、谦抑执行等意识，更好地为大局服务。二是执行体制和执行权配

置的创新。要按照分权制衡的总原则，进一步研究执行权的合理配置问题，理顺内部权力运行方式，建立公正、透明、高效的权力运行机制。三是执行工作机制的创新。要根据执行工作的性质和特点，建立健全执行工作联动、执行协调配合、执行威慑、执行救助等机制，使相关工作程序和工作制度经过科学、合理、有序联接后，形成有机的自行运行的封闭系统，以有效提高执行工作的质量与效率。四是执行方式方法的创新。要采取灵活多样的执行方式，只要有利于实现债权人权益，只要不违背授权规则，不违背正当程序，只要不损害国家和公共利益以及他人的合法权益，都可以尝试、总结和推行。五是执行管理的创新。要站在服务大局的高度，怀着强烈的事业心，乐于管理；抛开顾虑，坚决同违法违纪的现象和不良行为作斗争，敢于管理；增强工作主动性，持之以恒，勤于管理；纵横兼顾，疏而不漏，精于管理；整合各种资源，以人为本，提升境界，善于管理。

执行创新不是随意创新、盲目创新，必须遵循执行工作的客观规律，在法律规定的框架内进行。如果只追求执行目的而不顾执行手段，则可能损害被执行人甚至案外人的基本权利，甚至可能激化社会矛盾和冲突，影响社会和谐稳定。创新必须遵循以下规则：第一，凡是涉及限制当事人权利特别是人身权利、增加当事人义务的，必须有法律依据，否则就是违法执行，这是一条底线，不能逾越。第二，不得违背善良风俗，这是执行创新的基本底线。有些领域，虽然不涉及违背法律的禁止性规定，但只要是可能损害善良风俗的，也应该是创新的禁区，否则，就难以取得较好的社会效果。第三，如果法律规定可以采取在性质上更为严厉的手段，而对于较轻的手段没有规定的情况下，在一定的范围内可以创新。第四，对于一些执行的方式方法，如果明确知道该措施对当事人有利，不会损害其实体权利，可以进行创新。第五，要充分尊重当事人的选择，体现人文精神。对那些没有法律规定的执行措施，不属于对基本权利进行控制和限制的，要充分征求当事人的意见，如果当事人双方同意，可以创新，但要确保手续齐全、程序到位。

八、清理执行积案与建立长效机制的关系

长期以来，大量的法院生效判决得不到执行，申请人的合法权益得不到有效维护，法律尊严受到严重损害，法院权威也随之受到挑战。为解决案件执行率低和案件积压问题，最高法院在全国组织开展了多次清理执行积案专项行动，均在不同程度上取得成效。特别是自 2008 年 11 月开展大规模集中清理执行积案活动以来，由于积极争取到了党委重视和各有关部门的支持、配合，全国法院上下一心，措施得力，实现了执行积案清理工作的重大突破，执行积案大大减少，因执行问题申诉上访的比例明显下降，人民法院的执行权威迅速提升。实践证明，适时开展清理执行积案行动，能在较短时间集中各种力量，集中解决部分案件积压问题，有效化解部分社会矛盾，具有时间短、见效快的特点，符合执行工作实际，具有积极意义。同时，开展清理执行积案活动，也能在较大程度上锻炼执行队伍，提高执行能力和水平，积累解决执行难的经验。近年以来，最高法院在总结以往"清积"活动经验的基础上，决定在全国范围内开展争创"无执行积案法院"活动，就是要将人民法院开展"清积"活动的决心和力度常态化，最大限度地减少执行积案，维护当事人合法权益，提高司法公信力。

适时开展清理执行积案活动具有现实的必要性和重要性。但是，仅仅依靠开展清理执行积案活动不能从根本上解决问题，要彻底走出"清了又积，积了又清"的恶性循环，使执行工作真正走上一条健康发展的道路，必须整合法院力量和社会力量，综合运用法律、政策、经济、行政、道德、舆论等手段和教育、协商、疏导等多种方法，形成一个涵盖执行工作各个方面的工作体系，建立长效机制。

一是执行领导与联动机制。包含三个层面的内容：第一个层面是领导机制，要求各级党委加强对人民法院执行工作的领导，对解决本地区执行难问题进行统筹安排，支持人民法院依法行使执行权，防止各种违法干预执行工作的行为，为执行工作创造良好的执法环境。第二个层面

是联动机制，要求在法院外部，将具有法定协助义务和工作配合责任的单位和个人，充分动员起来，及时、有效地协助法院执行。第三个层面是在法院内部整合审判和执行资源，完善立、审、执协调配合机制。

二是执行激励与惩戒机制。充分运用正向和反向两个方面的激励手段，引导或促使被执行人自觉履行义务。一方面，对于克服种种困难千方百计自觉履行义务的债务人大张旗鼓地进行宣传和表扬，建议有关部门或机构进行信用等级升级或给予某种优惠待遇；另一方面，对消极或拒不履行义务的债务人，视情况采取各种限制、制裁甚至惩戒措施，使其付出比自觉履行义务更为重大的代价，承受比自觉履行义务更为沉重的财产、信誉或精神损失。

三是执行财产查控、处置和兑付机制。指在金钱债权案件执行中，执行法院通过一定的方法和手段，查明被执行人的财产状况，了解被执行人的履行能力，采取法律规定的执行措施，禁止被执行人或其他人对被执行人所有的财产进行处分，并依照法定程序将被制行人所有的财产进行变价或直接交付申请执行人。

四是执行救济与救助机制。进一步明确执行当事人或案外人提出执行异议、复议的情形、程序，依法行使执行异议和复议的处理权和执行裁判权，确保当事人合法权益不受侵犯；对申请执行人生活极其困难，而查明被执行人确无财产可供执行的，由国家按照特定程序和标准给予申请执行人一定的经济救助，解决其生活急需。

五是执行监督与制约机制。加强法院内部和外部监督，赋予当事人充分的程序性权利，确保执行权正确行使，消除执行不廉和执行不公现象。

六是执行管理与评价机制。在执行系统内部实行严格的管案、管事、管人的制度体系，通过建立科学、合理的评价体系以及规范、严格的管理，确保执行工作良性运转。

七是执行保障与创新机制。要加强和落实各项保障措施，确保执行工作能够顺利开展。同时要创新保障机制，通过调查研究掌握执行工作的真实现状，总结执行工作规律，从理论高度理清工作思路，以实践创新、理论创新来推动制度创新，不断提高执行工作水平。

九、办理执行案件与强化执行管理的关系

执法办案是人民法院的第一要务，也是宪法和法律赋予人民法院的神圣职责。人民法院要始终高度重视，认真办理好每一起执行案件，这是一个需要常抓不懈的工作。但执行工作是十分复杂的，既有司法属性，又有行政属性，既要在执行程序启动、执行申请撤回、执行和解等私权处分方面尊重当事人意思，又要在执行程序开始后，秉持债权实现之目的，依职权推进执行程序，具有明显的主动性、强制性等特点；执行领域也是司法廉政建设方面暴露问题比较多的领域，因而，执行管理工作十分重要，绝不可忽视。

执行管理工作千头万绪。最高人民法院确立了高级人民法院统一管理、统一协调的执行管理体制，强调"管案、管事、管人"同时抓，相互促进。其中，最核心、最急迫的问题是要抓好以下四个方面的工作：

第一，执行权的配置问题。这是一个与执行体制相互联系又相互区别的问题，直接制约执行权的运行。关于执行权的配置，可以划分三个层面，即宏观配置、中观配置和微观配置。宏观配置是指执行权到底是放在法院系统，还是放在其他的行政机关。这个问题与国体、政体没有必然联系，国际上也没有统一的模式。从我国目前的现状来说，执行权已经归属于人民法院。中观配置是执行权在法院内部怎么配置的问题，如执行审查立案权在立案庭和执行局的配置，执行裁决权在审监庭、裁判庭和执行局的配置，执行管理权在审判管理办公室和执行局的配置，等等。微观配置是执行权在执行局内部的配置，实质上是执行的分工。除宏观配置外，中观配置、微观配置法院是有很大的创新空间的，一定要按照分权制衡的原则进行科学配置。

第二，执行权的考评问题。对执行权的考评至少包括两个方面：一个是如何客观评价执行工作的问题，一个是建立在客观评价基础上如何

科学考核的问题。执行评价是任何执行管理的前提和基础，执行考核是建立正确的激励约束机制的前提条件。要尽快建立科学的执行考评机制。如果没有建立每个执行人员的绩效档案，如果没有建立起对执行人员的科学考评机制，干多干少一个样，干好干坏一个样，执行管理就会成为一句空话。

第三，执行行为的监督制约问题。多年以来，执行领域查处的违法违纪案件均多于其他审判业务部门，有的执行干警被判重刑，教训是极其沉痛的。这也说明执行监督机制尚不完善，没有充分有效地发挥作用。执行工作与审判工作不一样，执行工作追求最大化实现债权，缺乏相应的透明度，信息往往不对称；执行实施往往由执行员分散进行，不像诉讼行为必须在审判庭上进行，信息更加不透明；执行程序开始后，执行法官一般要依职权进行执行行为；等等。这些特点决定执行比审判行为更容易发生腐败问题，监督更加困难。一定要下决心，切实强化对执行行为的监督制约。一要强化执行程序监督，通过正当程序限制和避免执行人员的恣意擅为。二要强化执行当事人监督，把执行过程向当事人全面、及时公开，通过落实当事人的知情权、表达权、选择权以及建议权等实现当事人的监督权。三要强化执行分权监督，在不影响执行效率的前提下，合理划分执行权力，推行分段集约执行，用权力监督权力。四要强化执行司法监督，通过异议、复议和执行之诉的审理，实现对执行个案的司法监督。

第四，执行队伍的管理问题。一要优化执行队伍，通过抬高进入门槛、选拔优秀人才、加强职业培训等方式，逐步改进执行人员的素质结构。二要强化责任追究，对于执行违法行为实行责任倒查，严格追究行政责任、法律责任，对素质低下不适合做执行工作、严重违纪败坏执行队伍形象的人员，要调整或清除出执行队伍。

十、执行工作治标与治本的关系

要真正解决执行难，必须坚持标本兼治。在治标方面，人民法院可以深挖自身潜力，作为空间较大，但如果要治本，仅靠法院难济其功，必须举全社会之力，实行综合治理。人民法院要承担起应有的责任，积极倡导、推动有关治本之策的各项机制的建立和完善。当前，突出的是要建立、完善以下制度。

第一，建立有效的社会诚信体系。首先，积极推动相关立法，规范信用信息的披露，畅通信息采集渠道，扩大信息传播范围。要加紧完善相应的金融和财产监管制度，加强对企业经营活动的监督。积极培育信用服务市场，充分发挥社会中介机构在信息采集、信用秩序的维护、监督等方面的作用，大力推动信用服务市场的完善。其次，要从民事、经济、行政、司法等多层面构筑失信惩戒机制。从经济学角度考虑，失信行为的产生，是经济主体比较失信成本低于失信收益后的自然结果。要促使行为人自觉守信，必须加大对失信行为的惩罚力度，使失信者付出应有代价。

第二，建立普遍有效的破产制度。强制执行和破产程序的关系十分密切。从强制地实现债权上讲，强制执行本质上是一种个别执行，而破产程序是一种概括执行。强制执行与破产制度的功能不完全一样。良好的破产制度既是对全部债权的强制执行，又建立起对于债务人的强烈威胁机制，对于强制执行具有重要的意义。许多国家不存在执行难的问题，就在于建立了有效的破产制度。如果资不抵债就必须破产，不管是法人，还是个人，只要一破产，债权人都来参与分配，有多少分多少，这就可能给债务人带来一系列不利后果，其信用等级就要降低，生活成本、生存成本就要极大地增加。在我国建立起规范有效的破产制度，必须将其与建立社会诚信体系对接，确保其真正发挥威慑作用。

第三，建立充分发达的保险体系。现代社会，事故频发，风险较大，需要建立相应的社会保险体系，让全社会共同分担工业社会带来的风险。我国国民经济的工业化、信息化程度日益提高，但社会保险没有相应发展起来，明显滞后，这是时下医疗纠纷、交通事故损害赔偿等案件难以执行的重要原因。如果当事人都投保了，发生损害赔偿由保险公司来理赔，实质上是全社会来分担这个风险，就在很大程度上缓解了执行难的问题。在北欧，家庭、企业一般都要投纠纷险，一旦发生了纠纷，保险公司首先进行协调处理，解决了大部分案件的执行问题，大大降低了纠纷解决与执行成本。可见，保险在社会矛盾化解中的作用是巨大的，应当引起高度重视。要积极推动建立充分发达的社会保险体系，特别是在特定领域推行强制保险，对于解决执行难问题将起到不可估量的作用。

第四，强化社会主体诚信意识和义务意识。任何制度都有其局限性，所有的对策措施也都有其局限性。对于不履行义务的债务人，仅靠制度是管不住的，总有一部分人对法律制度置若罔闻。要彻底有效地解决执行难的问题，最终手段还要从教育、培养人的诚信意识和义务意识上来着眼，从每一个公民的内心开始，通过改变其道德观念、伦理观念，启发其良知，把善良、诚信、服从法律内化为内心信念，成为一种自觉追求，这样，强制执行的问题就不会发生，更不会发生执行难的问题。全民诚信意识和义务意识的培养，是一项伟大的系统工程，人民法院必须率先行动，努力推进。

第五，建立合理的执行救助制度。将确有困难的申请人纳入社会保障的范围，予以救助，以缓解其生存、生活压力。当然，建立执行救助制度，要特别注意明确救助条件，防止申请权和救助权的滥用。

下　篇

第十章　论司法需求与司法功能的统一

司法功能与人民群众日益增长的司法需求之间的紧张关系，不仅是当下，而且在未来相当长的一个时期，都将是一个挥之不去的梦魇。而且这种紧张关系在今后一个时期还会愈演愈烈。因此，如何正确地看待与理性地思考这些问题，亟需我们深入探讨。

一、司法功能与司法需求矛盾的现状

（一）司法需求的表现形态

在中国长期的封建社会中，人们对司法的需求并不十分迫切。因为当时一些非司法途径实际承担着解决争议的功能，特别是其中的家族主义传统，在很大程度上消化了相当多的争议。① 真正进入司法程序的多是刑事案件，以司法途径解决的民事案件很少，更遑论行政案件。因此，司法需求问题在当时并不太突出。

当今社会，随着社会经济文化的发展，人们利益诉求日益多元化，社会关系日益复杂化，对司法的需求日益凸显，其主要的表现形态是：

第一，司法需求的多样性。人们利益诉求和价值观的多元化决定了司法需求的多样性。随着体制的转轨和社会的转型，人民群众对司法的

---

① 参见费孝通：《乡土中国》，上海人民出版社 2006 年版；瞿同祖：《中国法律与中国社会》，中华书局 2003 年版。

需求，无论在广度上还是在深度上都发生了重大变化。① 不同的人希望司法供给的产品不同，发挥的功能各异，例如，提供公正裁判、提高审判效率和效益、维护社会稳定、推动经济发展和促进某种价值观念等。

第二，司法需求的冲突性。司法需求的多样性决定了不同司法需求之间难免会发生矛盾与冲突，例如，依法办事与维护稳定这两种价值选择就时常会陷入相互冲突的尴尬境地。就连人们对司法最基本的价值需求——公正，也因人们对它的理解的不同而发生冲突。公正可以分为形式公正与实质公正、主观公正与客观公正、程序公正与实体公正。形式公正认为，完全按照法律办事即公正，而不问所依据的法律的品性良善与否；实质公正则认为，简单机械地依法办事并非公正，只有超越形式意义上的法律，实现法律背后的正义价值才能称其为公正。主观公正着眼于主体对公正的个性化需求，追求主体个体公正感的满足；客观公正则着眼于社会价值通念，追求客观公正效果的实现。程序公正强调的是过程公正，实体公正则强调司法的实体结果公正。不同的人对公正的理解和要求不同，满足了一部分人的司法公正观，就有可能违背另一部分人的司法公正观。例如，案件当事人可能更关注实体公正，要求裁判结果符合自己的心理预期。社会公众更多地关注司法对社会价值取向的引导功能。党政干部更多地可能从政治效果和社会效果对司法提出要求。②

第三，司法需求的非司法化。"法律效果与社会效果相统一的司法政策直观地揭示了中国法院的独特面向。在法律效果之外的社会效果的尺度，可能是社会稳定、与政府关系、党的领导、群众情绪、经济发展等因素，而这些因素都是外生于法律规范的情景性的因素。"③ 由于市

---

① 江必新：《良善司法的要义》，载《新华文摘》2009年第3期，第12页。
② 董皞：《司法功能与司法公正、司法权威》，载《政法论坛》2002年第2期，第37页。
③ 汪庆华：《政治中的司法：中国行政诉讼的法律社会学考察》，清华大学出版社2011年版，第36－37页。

场和政治过程的相对滞后和不完善，以及二者在解决社会问题的实际能力上的相对疲软和欠缺，大量本该由二者解决的社会问题被挤压到被视为社会正义最后防线的司法领域而难以排解。也就是说，司法的"箩筐"里装了太多本该由市场和政治过程去解决的问题。因此，司法需求在当前表现出一种非司法化即强烈政治化的倾向。人们通常在主观上赋予司法一种政治上的功能，希望司法能在政治上发挥更多更大的作用。例如，党政领导首要的司法需求是维护社会稳定，希望司法首先要维护社会稳定。从事经济工作的人则希望司法能促进经济发展，如果不能促进经济发展，则会给司法以否定性评价。这些诉求实际上是要求司法附带政治、经济、社会等内容。

（二）司法功能的状态

从对功能[①]概念的理解出发，司法功能是指司法对国家、社会和社会成员所具有的功效和发挥的作用。司法的要素、结构、环境共同决定了司法的功能。"法律机构应该放弃自治型法通过与外在隔绝而获得的安全性，并成为社会调整和社会变化的更能动的工具。在这种重建过程中，能动主义、开放性和认知能力将作为基本特色而相互结合。"[②] 在当前司法环境下，能动司法是相对有效的司法政策。在这种政策下，司法同时扮演着政策实施者和纠纷解决者的双重甚至多重角色。"经济制度的压力、政治控制的要求、民众对于正义的渴望，这些相互冲突的合法性诉求就集中地体现在司法功能的多样性上。"[③] 有观点认为，司法具有五项功能：服务功能、统治功能、保障功能、法治功能和

---

① 功能是指事物或方法所发挥的有利作用。见《现代汉语词典》，商务印书馆 2005 年版，第 475 页。从系统论讲，功能是指系统行为所引起的环境中某些事物的有益变化。见苗东升：《系统科学精要》，中国人民大学出版社 1998 年版，第 41 页。

② ［美］P. 诺内特、P. 塞尔兹尼克：《转变中的法律与社会：迈向回应型法》，张志铭译，中国政法大学出版社 2004 年版，第 81–82 页。

③ 汪庆华：《政治中的司法：中国行政诉讼的法律社会学考察》，清华大学出版社 2011 年版，第 64 页。

治理功能。① 而从现实情况看，人们经常反映的司法队伍不廉、裁判不公、效率不高、执法不力、效果不好等问题，其中有些带有人们较强的主观色彩，但司法功能发挥不足的问题是客观存在的。

第一，由于主客观因素的制约，司法功能尚未得到有效的发挥。在当前的政治文化背景下，司法在相当程度上还是被视为依附于政治的统治工具，而尚未完全获得独立的主体地位。司法的工具性价值日益彰显，其主体地位日益式微。有的领导往往局限于短期利益和眼前效果，而没有认识到规则的构建和法治的昌明对促进社会稳定和经济发展所具有的根本性和长远性的价值和意义。要实现社会稳定和经济持续发展，关键是要构建规则，践行法治。公正的司法应当承担向社会成员昭示正义的行为规则、引导社会成员行为的功能。社会成员正是从公正的裁判中吸取公正的意识，获得公正的力量，进而促进良好社会风气和社会秩序的形成。② 而在上述背景下，司法缺乏对规则的必要尊重，没有发挥好其应有的明确规则、规范和引导社会成员行为、增强行为的可预见性的功能。

第二，司法被赋予了一些本不应该由它来承担的功能。"随着社会对法律和权利的需求不断增长和供应能力的不断降低，人数和复杂性的增长对法院提出了过多的要求。"③ "在这样一种文化背景下，人们对司法的功能就产生了许多不切实际的期待。最为突出地表现在两个方面：一是过分强调司法的教化功能和实现实质公平的任务；二是让司法越出自己的界限，去承担本应由其他社会机制所应承担的管理社会的任务。当这些期待无法实现时，司法便成为批评的对象。"④ 近年来，基于服

---

① 服务功能是指解决纠纷，统治功能是指维护政权存续，保障功能是指保障人权，法治功能是指保障法律统一实施，治理功能是指形成公共政策。常智余、谭义军：《走向多元：宪政时代司法的复合功能》，载《时代法学》2012 年第 5 期，第 29 – 31 页。

② 王利明：《司法改革研究》，法律出版社 2000 年版，第 20 – 23 页。

③ ［美］尼尔·K. 考默萨：《法律的限度——法治、权利的供给与需求》，申卫星、王琦译，商务印书馆 2007 年版，第 3 页。

④ 汪建成：《论司法的权威与权威的司法》，载《法学评论》2001 年第 4 期，第 114 页。

务大局、维稳等考虑，司法功能被人为地非理性扩张，过度介入社会，片面强调协调、调解等纠纷解决方式，① 承担了一些本不应该由它来承担的非裁判性功能。"法院的真实存在的主要价值是裁判，依据事实和法律进行裁判，通过裁判赋予形式法律以生命。调解有助于化解纠纷，但无法达到司法的这一功能。就法院的本性而言，法院当然不是，也不应当是国家的调解机构。"②

第三，司法功能和司法需求之间存在着相当程度的紧张关系。当前司法领域的基本矛盾是人民群众日益增长的司法需求与司法功能相对滞后之间的矛盾。上述司法功能的不足与不当，无法积极有效地回应人民群众日益迫切的司法需求。而只有在"需求—回应"的对应结构中，司法才能不断获得自我的成长发展和社会公众的信任与认同，才能重建司法的主体地位，实现其自身价值。这对司法而言既是机遇也是挑战。要从根本上解决这一基本矛盾，就要通过深化改革，正本清源，明确和强化司法功能，加强司法权威，增强司法能力，提高司法水平。

二、司法功能与司法需求矛盾产生的原因和背景

导致司法功能与司法需求的矛盾产生的原因非常复杂，归纳起来主要有如下几个方面：

（一）司法主体职业化水平不高

首先，司法主体文化水平偏低。在审判人员中具有法律本科和研究生学历的人员，多为近年来新入职人员，因此，仍在书记员岗位上的占了相当比例，在法官中所占比例仍然较低。

然而，即使是法律专业毕业的人员是否真正具备了承担起审判任务

---

① 埃尔曼认为，在缺乏裁决结构或蔑视诉讼的地方，通过协商解决纠纷是人们的倾向性选择。［美］埃尔曼：《比较法律文化》，贺卫方、高鸿钧译，三联书店1990年版，第155页。
② 张卫平：《回归"马锡五"的思考》，载《现代法学》2009年第5期。

的专业素质与能力也是存疑的。"法学院系统正规的教育是奠定其素质的基础，司法经验的成熟与否、职业生涯的努力程度、对正义的强烈抱负，均足以影响法官的专业素质。"① 在现代社会中，法院所审理的案件涉及的社会关系纷繁复杂，抽象概括的法律条文和法律理论知识不能或者说很难与之有效对接、套用。法学教育更多地只是训练了司法人员的法律思维，而真正的法律知识和审判经验往往存在于鲜活的法律实践之中。

美国霍姆斯大法官说过："法律的生命不是逻辑，而是经验"。② 司法在很大程度上是经验性的，这就不但要求法官具备相应的法律知识和法律思维能力，而且要求其具备丰富的审判经验，在审判实践中不断提高自己的专业素养和能力。目前，司法队伍中真正既有法律专业知识背景又有丰富审判经验的人员相对较少，高学历法官往往审判经验并不丰富。这是由于历史原因造成的，尽管法院采取了诸如加大法官培训力度等诸多措施，但要彻底扭转这种局面，实现法官队伍职业化任重而道远，不可能一蹴而就。

（二）司法主体职业道德素质不高

法官的内在品质对于司法事业而言是至关重要的。"从长远看来，除了法官的人格外……没有其他东西可以保证实现正义。"③ 曾留下名言"一次不公的判断比多次不平的举动为祸尤烈。因为这些不平的举动不过弄脏了水流，而不公的判断则把水源败坏了"④ 的著名的英国大

---

① ［美］约翰·T. 小努南：《法官的教育、才智和品质》，载《法学译丛》1989 年第 2 期，转引自宋辉：《论法官司法功能实现的制约因素》，载《法制现代化研究（第四卷）》，第 571 页。

② ［美］小奥利弗·温德尔·霍姆斯：《普通法》，冉昊、姚中秋译，中国政法大学出版社 2006 年版，第 1 页。

③ 转引自［美］本杰明·卡多佐：《司法过程的性质》，苏力译，商务印书馆 1998 年版，第 6 页。

④ ［英］弗朗西斯·培根：《论司法》，载《培根论说文集》，商务印书馆 1983 年版，第 193 页。

法官弗朗西斯·培根，最终也因受贿而被送上了被告席。

一些司法人员没有树立正确的世界观、人生观、价值观，没有养成高尚的思想境界，逐渐迷失方向，丧失了对法治理想与事业的追求。然而，"由于近代型的司法制度在我国创立未久，司法人员的职业化程度相当低，与职业化相关联的职业意识、行业规范、伦理准则以及行为方式均没有配套成型"。①

此外，在社会转型期，客观条件也决定了司法腐败现象很难避免。法官职业道德素质受到严重挑战的重要原因在于，目前法官的待遇水平尚不能使其维持体面的生活。而法官面临的社会诱惑比比皆是，如同为法律职业者的律师则属高收入群体，同时法官的工作负荷又非常大，与其薪资不成比例，这就容易导致法官成为高风险职业。

（三）立法质量尚不理想

司法不公、执法不严固然有法官自身的责任，但立法者也不能说完全没有责任。一部好的法律应该具有自我完善的功能，能够确保自身得到很好地实施，而那些没有实施好的法律在相当程度上正是由于立法者没有设计好良性的实施机制。

从我国目前的立法数量上看，与以往相比尽管有了较大的飞跃，但法治状况尚未完全超越有法可依阶段。例如，在行政法领域尚无一部完备的行政程序法。与国外相比，我国的法律规定较为原则，在立法过程中为求顺利通过，常常回避争议的矛盾焦点，不作具体规定，从而把问题遗留给法院。而我国的司法机关无权"造法"，没有相应的法律漏洞弥补机制把有缺陷的法律改造成"良法"。

另外，我国有不少法律规范之间存在冲突，但却缺乏明确的冲突规范的选择适用机制和解决机制，或者说既有的机制实际上没有发挥相应

---

① 贺卫方：《中国司法管理制度的两个问题》，载《中国社会科学》1997 年第 6 期，第 123页。

的作用。因其自身的不明确性和适用的复杂性，法院往往回避采用这些机制。同时，由于法院地方化、行政化的现实处境，出于自身利益的考虑，法院往往会选择适用不会给其造成麻烦的法律规范，尤其是地方性法律规范。当然，法律有其自身固有的局限性，不可能规定得十分周密完备，完全符合社会需求，在许多国家可以通过司法体制来弥补漏洞。而我国法律不健全，同时司法体制僵化，从而加剧了法律适用的困境。

（四）司法程序正当化程度不高

法院之所以成为社会正义的最后一道防线，法院的判决之所以必须得到尊重，从根本上说基于三点：司法的独立性、正当的司法程序和法官的职业化水平。司法的权威性、正当性和终局性都是由这三个方面来维系的。然而，我国目前司法程序正当化程度并不高：第一，诉讼法的许多规定过于简单、粗糙，不具有可操作性。第二，更重要的是，司法程序的关键环节缺乏有效的监督制约机制。例如，案件请示制度实际上影响了法官的独立裁判，转嫁了审判责任，并实质上压缩了审级，从而影响了司法公正。

如果司法程序的正当化程度不高，即使严格执行了司法程序，生产出来的司法产品也不一定是公正的。正如亚里士多德对法治的定义一样，[①] 程序公正与实体公正的对应关系也要具备一定条件，其中一个重要条件即程序必须是正当的。总之，要用正当程序的理念来重建司法程序，不仅要有司法程序，而且要有具有高标准和正当性的司法程序。

（五）司法管理水平不高

目前，我国司法行政化现象严重。如果说司法地方化损害了法院的

---

① 亚里士多德认为，法治包括两重含义：已成立的法律获得普遍地服从，而大家所服从的法律又应该本身是制定的良好的法律。［古希腊］亚里士多德：《政治学》，吴寿彭译，商务印书馆 1965 年版，第 199 页。

独立品性,那么,司法管理的行政化则把法院和法官送进了科层制和官僚化的牢笼。"在中国目前的司法制度中,上下级法院之间的官僚化以及各级法院内部官僚化的强烈动力会阻碍其对司法正义的追求。"① 上下级法院关系的异化损害了下级法院的独立性。在以行政级别为中心的法官管理体制下,上下级法院之间以及不同级别的法官之间事实上形成了领导服从关系。司法管理的行政化,严重影响了司法独立,增加了外界干预司法的机会,阻碍了司法公正的实现。同时,上下级法院间的案件请示制度、法院内部的案件审批制度,尽管在目前的大环境下有其一定的合理性,也发挥了一些减少错案的功能,但也在一定程度上造成了"审者不判、判者不审",剥夺了当事人的上诉权、回避权、辩论权等诉讼权利,违反了程序公正的要求。②

司法管理要去行政化,但这并非意味着要放弃司法管理本身。"一切有权力的人都容易滥用权力,这是万古不变的经验,防止腐败的办法,就是用权力制约权力,权力不受约束,必然产生腐败"。③ 在确保司法主体清正廉洁方面,司法主体的职业道德和伦理自觉固然重要,外部的约束监督制度和机制则同样重要甚至更为重要。如果缺乏必要的纪律约束和监督,司法主体就会失去限制,从而步入腐化堕落的深渊。因此,为实现司法公正,防止司法腐败,要在保证司法独立的前提下加强对司法主体的监督管理,这样才能使司法真正发挥公正与效益的功能。

(六) 司法资源保障严重不足

司法是需要资源的。如果一个法院缺乏必要的物质保障,将会严重制约司法功能的实现和作用的发挥。司法资源受制于各地经济发展状况

---

① 汪庆华:《政治中的司法:中国行政诉讼的法律社会学考察》,清华大学出版社 2011 年版,第 62 页。

② 贺卫方:《中国司法管理制度的两个问题》,载《中国社会科学》1997 年第 6 期,第 124 –129 页。刘青峰、李长军:《现代司法理念与我国司法管理体制的重构》,载《河北法学》2004 年第 12 期,第 4 –5 页。

③ [法]孟德斯鸠:《论法的精神 (上册)》,商务印书馆 1963 年版,第 154 页。

和财政支持力度。我国目前的司法资源有限，人均司法资源与发达国家相比明显落后，加之司法资源配置不均衡，司法人员拥有的司法资源不均，当事人也不能平等地享有司法资源，这就加剧了司法资源有限与司法需求不断增加之间的矛盾。① 在一些经济欠发达地区，因诉讼费收入少，财政困难，法院经费匮乏的情况更为严重。这在客观上束缚了法院司法活动的开展和功能的发挥。

（七）司法环境亟待改善

目前，司法环境存在诸多不足之处，这严重影响了司法功能的发挥。这主要是由于司法地方化以及对司法的各种不当干预造成的。当前司法地方化现象严重是不争的事实。法院对地方政府具有较强的单向度的资源依赖性，这种资源依赖性决定了在二者之间权力支配关系的形成，而单向度的权力支配关系又决定了法院的依附性地位。"就人类天性之一般情况而言，对某人的生活有控制权，等于对其意志有控制权"。② 这一点对于组织而言亦然，"生存的需要可以推翻目标的道德性"，③ 因此，一些法院不惜牺牲司法公正来换取地方政府的物质和人事支持。

另一方面，不同形式的干预司法现象普遍存在，造成很多负面影响。对司法的不当干预有些是由于现有的监督制度在现实运作中发生扭曲变形造成的，有些则是来自于权力的直接干预。这主要是由于党与司法以及政治与司法的关系一直没有从根本上厘清造成的。④ 司法工作要

---

① 周世中：《论司法资源配置与司法公正》，载《法治研究》2007 年第 1 期，第 46 页。

② ［美］汉密尔顿、杰伊、麦迪逊：《联邦党人文集》，程逢如等译，商务印书馆 1980 年版，第 396 页。

③ ［美］W. 理查德·斯格特：《组织理论：理性、自然和开放系统》，黄洋等译，华夏出版社 2002 年版，第 63 页。

④ 在此，有必要回顾党在历史上对党与司法的关系的认识与定位。例如，1979 年 9 月 9 日《中共中央关于坚决保证刑法、刑事诉讼法切实实施的指示》指出，任何人不尊重法律和司法机关的职权，这首先就是损害党的领导和党的威信。认为服从党的领导就可以违背法律规定的想法是极端错误的，必须坚决纠正。1986 年 7 月 10 日《中共中央关于全党必须坚决维护社会主义法制的通知》指出，党对司法工作的领导，主要是保证司法机关严格按照宪法和法律，依法独立行使职权。

有大局意识，但大局一旦被泛化、绝对化，法治就会被矮化、虚化。许多所谓的大局实质上不过是地方利益和部门利益的代名词而已。在这种大局观下，司法不再是法制统一的捍卫者，而沦为了捍卫地方利益和部门利益的工具。

此外，当前社会正处于转型期，而与转型期相配套的法律机制没有完全建立。例如"执行难"等诸多难题则难以从根本上得到真正的解决。

（八）司法需求的非理性化倾向严重

人们对司法的过高需求是非理性的。并非所有的纠纷都适合和应该由司法去解决。让法院去满足不同的非理性需求是不可能的。这也是导致司法功能与司法需求矛盾的一个重要原因。"许多人相信，强有力的司法存在和合法权利观念将会有效地保护财产和私人权利，进而能繁荣经济、发展民主。……通过供需机制发挥作用的系统因素注定要挫败法院、权利和法律所肩负的使命，没有哪个地方会出现例外。这些因素在作为对法律和权利的需求的形成力量的同时，又注定了会导致法律和权利功能的萎缩；在不断增加对法律和权利的需求的同时，又削减了对它们的供应。这些因素的力量之强大，要求我们重新审视法律和权利的功能，以及法院所扮演的相应的角色。"①

三、司法功能与司法需求矛盾的化解之道

针对上述矛盾产生的原因和背景，可以从以下几个方面探讨解决途径：

（一）净化司法需求，使其趋于理性化

应当使人们对司法功能形成共识，理性地了解司法能够提供什么产

---

① ［美］尼尔·K. 考默萨：《法律的限度——法治、权利的供给与需求》，申卫星、王琦译，商务印书馆 2007 年版，第 3 页。

品，应该提供什么产品。"在人数众多、复杂性程度较高的时候恰恰是最需要法治的时候，同时也是司法供给不足最为严重的时候。但这并不意味着司法此时就无所作为，这可能预示着只能在短时期内广泛地起作用，如果司法要长期地介入社会领域的决策之中，就需要缩小交由法院来决策的社会争端的范围。"①

说到底，司法是法律的捍卫者。法律作为人民意志的集中体现，其中已经包含了各种利益的妥协和对各种利益关系的平衡。到底什么样的司法需求能得到司法的回应，应当看它是否能被法律的精神、目的和原则所涵盖。"规则所给予的启示只是一种正义的情感"。② 法院只有准确地理解和把握立法意图，摒除各种司法需求中的非理性成分，严格执行法律，公正司法，才能最大限度地满足人民群众的司法需求。当然，立法还可能存在滞后性的问题，这应当通过司法过程中的法律解释技术予以解决，而不应当以简单的司法过程取代需要做出复杂的价值判断的政治过程。

此外，净化司法需求，要求法院回归审判本色，要求社会各界为法院减负，要求法院自身不要去种人家的田而撂荒自己的地。净化司法需求，也要求社会各界不能从地方利益和部门利益出发而损害法律的公正价值，更不能破坏司法的统一，必须使司法审判达到形式上与实质上的统一，使司法功能达到法律效果与社会效果的统一。

（二）完善司法监督机制

并非所有法官素质都很高，也并非所有素质高的法官都不会出问题，必须依靠制度设计来监督司法主体。而问题在于如何监督。当前，我国司法监督存在监督主体多元化和监督程序随意性等特点，众多监督机制不但没能有效遏制司法腐败，反而束缚了法院和法官行使司法权，

---

① ［美］尼尔·K. 考默萨：《法律的限度——法治、权利的供给与需求》，申卫星、王琦译，商务印书馆 2007 年版，第 7 页。

② ［美］本杰明·卡多佐：《司法过程的性质》，苏力译，商务印书馆 1998 年版，第 25 页。

增加了"合法"干预司法的可能性，成为影响审判独立和滋生司法腐败的温床。①

对司法的监督有来自外部和内部两种渠道的监督。外部监督成本高昂，监督者也需要被监督，这就会形成一条无限的监督链。最好、最有效的监督是来自司法程序的内部监督，也就是来自司法程序其他主体即当事人、律师等诉讼参加人的监督。他们是案件审理的利害关系人，确保他们充分平等地参与司法过程，就能确保理性的监督。

同时，监督的有效性取决于制度设计的科学性。法官作为理性人，也会在社会活动中追求自身利益最大化。通过设置如香港廉政保证金此类激励约束机制，对法官的物质利益进行有效规制的同时，激发法官的职业良知和职业荣誉感，也可以有效防治法官渎职。此外，实行高薪制也有助于法官自我约束、自我规制，但因目前我国法官数量多，这项措施不可能在短期内实行。从另一方面来看，应该减少法官的数量，增加辅助人员的数量，这样才有可能实现高薪养廉。

（三）强化审判的独立性与中立性

审判独立并不一定使司法公正，而司法公正也不一定全是由于审判独立。但若无审判独立，则司法大多会是不公正的。审判独立要求法官只服从法律，不受任何外来非法干涉。而我国目前审判独立的状况令人堪忧。在短期内体制无法根本改变的情况下，我们要从其他方面寻求保证司法公正之策。

作为司法生存发展的政治环境的体制问题固然是造成这一局面的重要原因，但法院和法官尚未形成真正的精神独立意识和社会身份认同，也难辞其咎。因为即使在现行体制下，也仍然存在司法的作为空间。如果法院和法官不能积极地在精神生存层面"断奶"，不能积极构建自己

---

① 刘青峰、李长军：《现代司法理念与我国司法管理体制的重构》，载《河北法学》2004 年第 12 期，第 5 页。

的精神独立意识和彼此的社会身份认同，则司法改革事业注定是"扶不起的阿斗"。

相对于审判独立，司法中立的技术性和操作性更强。任何人不得做自己案件的法官，这是自然正义的基本要求。[①] 凡是与裁判结果有关的人，以及与案件当事人有利益或其他联系可能影响公正裁判的人，都不能作为决定裁判结果的法官。同时，司法不受外来非法干涉，并不意味着司法权就不会滥用，中立还意味着只应当尊重案件事实和内心的法律确信，不得因个人偏好而影响案件的裁判结果。

（四）提高司法程序的正当化水平

程序的正当化是法治和人治的基本区别。对于程序的认识，有程序工具主义和程序本位主义两种基本观点。程序工具主义漠视法律程序的独立价值，这必然导致重实体轻程序的实践路径，甚至走向程序虚无主义。程序本位主义过分强调程序公正，容易致使形式脱离内容，最终走向形式主义。构建正当化的司法程序，应当避免程序工具主义和程序本位主义的极端化倾向，兼采二者的合理之处，实现二者的有机统一。

程序中公认的内在品质是评价其好坏、成功与否的唯一标准。[②] 正当化的司法程序应当首先尊重人的主体性，保障人的实体权益，防止司法权滥用而伤害其程序权利和人格尊严。其次，正当化的司法程序"必须符合理性的要求，使其判断和结论以确定、可靠和明确的认识为基础，而不是通过任意或者随机的方式作出。"[③] 这就要求确保司法主体行为以明确的使程序参与者能充分认知的形式呈现，能够给予程序参与者对裁判结果形成确定、可靠的心理预期，并限制司法主体不必要的自

[①] 陈瑞华：《刑事审判原理论》，北京大学出版社1997年版，第55页。

[②] 徐亚文：《正当法律程序的法理分析》，载《法理学论丛（第2卷）》，法律出版社2000年版，第149页。

[③] 陈瑞华：《程序正义理论》，中国法制出版社2010年版，第105页。

由裁量权。再次，正当司法程序要能确保当事人的平等参与。不得区别对待当事人，要给予其平等、充分的信息获取和表达机会，而这点对于行政诉讼和刑事诉讼尤为重要。

（五）有效解决法律规范供给不足的问题

第一，提高立法质量。好的立法要创立一个好的制度和机制，去规范和引导人们的行为。这并非一定要建立在强制性的基础上，例如"分蛋糕"定律，① 任何人都会追求自己利益最大化，但因存在不同的利益分配者的相互制约，从而实现了利益分配最均衡的状态。

第二，赋予法官足够的自由裁量权，以弥补法律的漏洞，克服立法中出现的不足。法律所可能存在的漏洞和偏颇，都需要借助法官的法律智慧和经验来予以填补。法律发展的经验证明，缺乏法律职业者的参与，法律永远都只能是抽象而不完备的规则系统。② 但同时，自由裁量权也可能会扩张法官的权力，因此，也要对法官的独立性进行规则控制与程序控制，防止法官权力专断。有观点认为，应当以"合理"和"精准"两个尺度来设定具体的解决办法。"合理"要求裁量有其准据和目标，以追求正确性为目的。而"精准"则要求尺度选择的恰当，即在可能的解决方案中，所选择的裁判是最为恰当的，而恰当性体现在对比例原则、先例和逻辑规则的遵循上。③

第三，建立法律规范解释和过滤机制。要建立运用法律解释技术来最大限度地协调法律和社会需要的机制，从而既能维护法律的权威，又能相对灵活地回应社会需求，保障社会总体效益的最大化。④要建立审查过滤机制，严格按照法律解释规则解释和适用法律，撤销

---

① ［美］罗尔斯：《正义论》，何怀宏、何包钢、廖申白译，中国社会科学出版社 2001 年版，第 85－86 页。

② 胡玉鸿：《法律实践技艺的定位、标准与养成》，载《法学》2012 年第 9 期，第 5 页。

③ 胡玉鸿：《法律实践技艺的定位、标准与养成》，载《法学》2012 年第 9 期，第 5－6 页。

④ 郑成良：《美国的法治经验及其启示》，资料来源：http://www.law-thinker.com/show.asp? id=589。

或不适用违背宪法、法律的条文或精神的法律规范和行为，以确保法制统一。

（六）全面加强司法能力建设，强化司法管理

司法能力建设主要应从司法管理能力、司法审判能力、做当事人工作能力三方面来进行。只有这样才能全面提高司法机关回应司法需求的工作能力。司法需求主要关注审判质量、效率和效果。在遵循司法规律和司法独立性的基础上，建立科学合理的审判质效管理制度，是提高审判水平行之有效的途径。要建立健全审判业绩考评机制、审判运行态势分析制度、案件审判流程管理制度和健全案件质量监督评查制度等，[1]确保审判质量与效率，实现司法公正与效率。

规范司法行为的核心是规范法官自由裁量权。[2] 要加强对审判过程中发现的普遍性问题的分析研究，及时出台规范性的法律适用意见，形成明确的证据规则和法律适用规则，逐步取消案件请示制度，明确发回重审和改判的标准，同时，完善案例指导制度，明确案例参考适用规则，统一司法尺度。

（七）努力充实并合理配置司法资源

"司法资源的妥当分配意味着，不仅要考虑供给，还要考虑需求，即仅仅把目光锁定在法院上是不够的。"[3] 要使司法功能得到切实的发挥，必须使司法供给得到切实的保障。这些都有赖于经济的发展，财政支持力度的加大，以及财政转移支付能力的增强。我国目前的刚性司法需求持续处于高位，必须使司法供给基本水平至少不低于现有标准，这

---

[1] 公丕祥：《挑战与回应：有效满足人民群众司法新需求的时代思考》，载《法律适用》2009年第1期，第7页。

[2] 公丕祥：《挑战与回应：有效满足人民群众司法新需求的时代思考》，载《法律适用》2009年第1期，第8页。

[3] ［美］尼尔·K. 考默萨：《法律的限度——法治、权利的供给与需求》，申卫星、王琦译，商务印书馆2007年版，第2页。

就要求建立司法预算制度，[①] 从根本上保障司法资源的供给。

同时，要注意合理配置现有的司法资源。目前，基层法院承担了大部分的审判工作，司法资源配置与法院等级成正比例的金字塔状结构。应当坚持以审判工作为中心，充实审判一线资源，将司法资源向基层倾斜。此外，要注意通过审判制度改革，尤其是庭审程序的改革，优化配置审判资源。"牺牲少数案件之程序利益（言辞辩论程序、第三审法律审之利益），可以累积（或换取）更多之时间、体力、精力，形成司法资源之'资本累积'，俾便处理其他更为复杂、繁重、重大、更需要时间处理之案件，以提高整体司法功能，增进司法效率，增加更多更公平之审判机会，使司法资源得到最有效之利用"。[②]

（八）积极改善司法环境

良好的司法环境是保障司法程序有效运行的重要因素和基础条件。[③] 司法环境的好坏绝不是几个领导的个人意识问题，而是整个社会存在的问题。而要改变社会存在，提高国民尤其是领导干部的司法意识，改善司法环境，则是一个长期的过程。

影响司法环境的体制性障碍要靠顶层设计去排除。而面对不理想的司法环境，对于它的改善，并不是说可以甚至应当无所作为。正如上文所言，在现行体制框架内，仍然存在可以作为的空间。当下要紧的是必须树立尊重司法权威的意识，尊重司法的主体地位，要认识到公正司法与党的领导权威的内在关系。因为只有司法机关依法行使职权，公正司法，才能增强司法公信力，才能在获得人民对司法的信任中，重建和不断积累政权的合法性，才能从根本上捍卫党的领导权威与执政基础。而一切干预司法、损害司法权威的行为，都是在损害党的领导权威和执政基础。

---

① 吴良志：《司法需求之中国情境：发现与回应——以最高人民法院历年工作报告为样本》，载《法律适用》2009 年第 1 期，第 12 - 13 页。

② 林俊益：《程序正义与诉讼经济》，月旦出版社股份有限公司 1997 年版，第 90 - 91 页。

③ 江必新、程琥：《司法程序的基本范畴研究》，载《法律适用》2012 年第 5 期，第 26 页。

　　同时，法院和法官不应自我矮化，而是应当形成精神独立意识和自我社会身份认同，利用现有体制趋利避害。在能动司法中，积极介入政府的政策形成过程，完善制度建设，推动问题的制度化解决，积极营造良好的司法环境。司法环境的好坏与司法权威的大小在一定程度上取决于法院领导干部和所有法官的素质与能力以及他们为之所付出的努力。

第十一章　论形式公正与实质公正的统一

　　公正是司法的核心价值，古今中外概莫能外。古埃及有个公正之神，名字叫做阿努比斯，职责是对死人进行审判。埃及金字塔里出土的一幅画，描绘了公正之神进行最后审判的情景。阿努比斯所持天平的一头是一颗人类带血的心，另一头是一根羽毛，如果被称的心比羽毛重，那就说明那个人是个罪人。这是因为古埃及人认为德行良好的人死了以后心是没有重量的，可以与一根羽毛持平。在上古中国，也有公正之神，就是独角兽。中国第一个法官皋陶是舜和禹时期的，他审案的时候经常带着一个独角兽，叫做獬豸。如果哪一个当事人不说实话或是有罪的话，它就会用角指向无理的一方，甚至会将罪该处死的人用角抵死，于是皋陶时常用它来解决疑难案件，这事实上是神明裁判的一种遗风。可见关于公正这个命题，从人类社会和国家产生以后，就有了这种意识。明朝的吕坤说，公正二字是撑持天地的，如果没了这二字就塌了天。无独有偶，英国的大法官丹宁勋爵也曾经说过，为了公正，可以在所不惜，即使是塌了天，也要实现公正。然后他又诙谐地说，其实只要实现了公正，天是不会塌下来的，天应该感到高兴。柏拉图认为公正是四德之一，而且是所有美德中最为重要的德行。亚里士多德把公正当做百德之首。他认为其他的德行可能是某一方面的德行，但是公正这个德行是全德，方方面面的德行都与它有关。可见，古今中外都把公正看得非常重要。在司法中，公正是核心价值，也可以说是最高价值。当然，司法的价值是多元的，公正是其中的一种，但是在司法所追求的所有价

值中，公正是最重要的价值。正是公正决定了司法的成败，决定了司法
的前途和命运，决定了司法是不是具有公信力，也决定了司法是不是具
有权威。

　　什么叫公正？这是个非常复杂的问题。古今中外，可以说很难找到
完全相同的解释。在西方，在解释公正时，通常把它与正义、公平、平
等，甚至人权、自由这些概念联系在一起，通过这些概念来解释公正的
含义。当然，比较公认的一种解释还是将它等同于正义。在西语中，公
正一词大多与正义一词系同一单词或同一词根。所以正义通常从两个层
面上来解释：一是"得所应得"，二是"一视同仁"。在中国古代，人
们在解释公正时，通常以公、正、直、平这些字来解释其含义。无私则
为公，无偏则为正，无曲谓之直，无陂谓之平。分析中外有关公正的概
念，可以得出如下结论：第一，公正这个概念是相对的。不同的国度、
不同的地域、不同的时代常常有不同的理解和解释。第二，公正总是与
人们所追求的基本的价值，如合法性、正当性联系在一起的。第三，公
正在不同的场合或不同的社会关系中具有不同的含义。比如说哲学家穆
勒把公正概括为五种形态：一是法律的公正，二是道德的公正，三是道
义的公正，四是守信的公正，五是无私的公正。这反映出了公正在不同
的社会关系中具有不同的内容。

一、形式公正与实质公正的统一是社会主义司法正义观的基本特征

　　对公正这一范畴可以从不同角度进行类型化，但是最基本的范畴是
形式公正和实质公正。形式公正是指符合某种法律、制度、规范要求的
公正，是满足合法性、规范性要求的公正；实质公正是指符合一个社会
的核心价值理念、符合特定的正义标准、符合法律的精神实质、被社会
普遍认同、具有高度正当性的公正。

　　为什么说形式公正与实质公正的统一是社会主义司法正义观的基本
特征呢？这是因为：

1. 从公正这个理念的发展来看，前资本主义主流的公正观是实质公正观，而资本主义主流公正观是形式公正观（除了个别例外）。在前资本主义时代，即所谓奴隶社会与封建社会时代，公正不是完全满足法律规范的要求，而是在很大程度上满足当时大家所公认的一种正义标准。这种正义标准是非常灵活的，在很大程度上取决于最高统治者国王、皇帝的意志，即以国王、皇帝的是非为是非。在中国汉朝，曾经发生这样一个争议，对于案件的裁判，有的坚持要按照已经公布的法律（人主已固定化的意志）办，有的认为要按照皇帝的临时指示办，但占支配地位的观点认为，"前主所是著为律，后主所是疏为令"，就是说过往的皇帝认为是对的，就立为法律，现时的皇帝认为是正确的，就立为令。只要按皇帝的意志办事，都是正确的。可见，在前资本主义时代，皇帝的指示与法律本身都是一回事。司法裁判是否公正的标准最终是人主的意志，是人主心目中的"正当性"，这实际上是一种实质正义观。春秋战国时期郑国子产铸刑鼎，把刑法铸在鼎上，遇到案子，按照成文法来判，这是一种形式理性。但当时的叔向是坚决反对的。他说把法律刻在刑鼎上，"民在鼎而不在贵"，老百姓尊重鼎上的法律，而把贵族就不当一回事了。而且他说这样势必"锥刀之末，尽将争之"。显然，叔向主张用实质理性作为裁判依据，而反对以形式理性（形式化了的理性）作为裁判依据。主张者认为，法不是穷理尽性之书，成文法律是有局限性的。但社会是千变万化的，个案是非常复杂的，每个案件都有它的特殊性，甚至可以极端地说，没有完全相同的两个案件。所以用形式化的成文法律规定来裁判案件，事实上是刻舟求剑，也很难实现个案的公正。如果没有成文法律，一切都是具体情况具体分析，具体案件具体处理，每个案件都可能做到公正。但是如果没有法律规范的约束，司法的公正性在很大程度上就要寄托于人治和德治，取决于裁判者个人的品质和能力。人肯定是良莠不齐的，所以就要靠提高人的品德和能力来达到目的。然而，人不是天使，要求每个人都有高尚道德、完善的能力是不可能的，于是就不可避免地出现擅断，即随着自己的意志和感情来裁判，于是同案不同法、相同案件不同处理的情况就会成为普遍现象。

在封建时代，资产阶级深受封建主的擅断之苦，所以他们登上政治舞台之后，力主法治，极力主张形式理性优越于实质理性。他们认为，尽管实质理性也强调正义，也强调按照一定的正义标准进行判断，但正义在不同情况下有着不同的面貌，就像孙悟空一样有七十二变。而且正义涉及价值层面，你有你的正义观，我有我的正义观，你认为这样处理是对的，我认为这样处理是不对的。所以如果完全寄托于裁判者的自我判断的话，就可能出现标准不统一的情况。而且，封建统治者常常以实质理性或实质正义为由，翻云覆雨，肆意侵害新兴资产阶级的权利和自由。因此，资产阶级极力要求坚持形式理性，凡事都要讲规则。此外，资产阶级要搞商品经济和市场经济，没有规则是没有办法运作的，而且必须提高交易的透明度，增加交易的能见度，所以必须强调形式理性，抛弃实质理性。资产阶级强调形式理性还有一个原因，就是资产阶级登上政治舞台是从议会开始的，议会掌握着立法权，而传统封建势力控制着行政权和司法权。资产阶级要让全社会按照本阶级的意志办事，就必须强调依法办事。只有强调按议会制定的法律办事，他们才有可能控制这个国家。可见，资产阶级强调依法办事，是有其历史和阶级根源的，强调法律至上，把法律价值定得极高，也是有其历史根源的，是与其阶级利益完全一致的。所以，在自由资本主义时代，形式理性是占支配地位的。他们讲公正，更多地是强调形式公正。只有严格按照法律规则办事，按照制度办事，按照规范办事，才能被认为是公正的。至于是不是接近于正义，是不是真正公平，他们并不十分关心。最终完成形式法治主义论证的，是德国的哲学家、社会学家马克斯·韦伯。马克斯·韦伯在其专著中，对形式法治、形式理性作了最充分的论述。他认为所有的法律理性都是形式理性，只有通过形式理性，才具有确定性、稳定性，才具有可预见性。此后一些人把这个理论发展到极端，认为恶法亦法，恶法也要执行。一旦采用这个口号，实际上就把形式主义法治观推向了顶峰，当然实际上也就把形式主义法治观推向了绝路。

通过以上回顾，我们发现无论是实质公正观还是形式公正观，都是有缺陷的，都是不完整的。完整的公正观应当是实质公正观与形式公正观的统一。

2. 马克思主义经典著作既批判了封建专制司法的专断性，又批判了资本主义司法的虚伪性和欺骗性。从马克思主义的经典著作中可以看出，他们一方面批判封建主义的所谓的实质正义，对封建司法的专断和擅断，给予了深刻批判，但另一方面也用大量的篇幅批判了资产阶级司法的虚伪性，包括其形式上的平等和表面上的民主，实质上是批判其形式法治观、形式公正观。从他们对这两种社会形态下法治观念、司法理念的批判来看，可以认为他们实际上是主张更高类型的司法正义观。这种更高类型的正义观，可以理解为是一种实质正义和形式正义统一的正义观和司法观。

3. 实践的理性和经验告诉我们，只有将实质正义和形式正义统一起来，才有可能避免二者的弊端。实质正义或实质公正相对于形式正义或形式公正最大的弊端就是没有一个确定的规则、标准和基准，难以使每个人操作该规则、标准和基准都能得出同一结论。因为对实质正义每个人都可能会有自己的看法，最后的结果将是公说公有理，婆说婆有理。但实质正义最大的优点是比较灵活，有利于实现个案公正，可以根据具体情况具体分析。如果司法完全由高素质的人来操作，实质正义观确实是比较理想的。但人都是有弱点的，人并不都是天使，所以要指望每一个自然人处理那么多案子都做到实质公正是很难的。而形式正义的毛病就是一刀切，很难实现个案正义。经验告诉我们，必须把二者结合起来，既要坚持司法的正当性，又要讲规则：一方面要坚持在法律之内寻求正义，寻求社会效果；另一方面，又要注意该规则的正当性，使规则尽可能地符合实质正义的标准。

4. 只有将形式公正与实质公正统一起来，才会有持久的、完善的公正，才能实现良善司法。从科学发展观的立场看问题，我们不仅要追求公正，而且要追求持续恒久的公正。实质正义是不可能实现持久的社会正义或公正的。美国的罗尔斯是正义理论的集大成者，他认为社会正义的实现在很大程度上要依赖于制度正义，没有制度正义，要实现持久的社会正义是不可能的。但如果完全拘泥于制度规章或规则，形式正义如果离实质正义太远，或者不能及时地跟进社会变革，迟早也会被人们抛弃或推翻，因而也是不能持久的。

5. 坚持形式公正与实质公正的统一，是满足人民群众新要求、新期待的重要途径。近年来，几乎所有法官都感受到，人民群众对司法的需求越来越高，不仅要求程序公正，而且要求实体公正；不仅要求形式公正，而且要求结果公正；不仅要求平等待人，而且要求救助弱者；不仅要求满足各种公正需求，而且要尽量地节省司法资源。实际上，上述很多司法需求是相互矛盾、相互冲突的。面对相互矛盾、相互冲突的需求和要求，我们必须整合各种价值，使各种价值协调、统一起来，而不能片面追求某个单方面的价值，必须坚持形式公正与实质公正的统一。

二、尽可能地满足形式公正与实质公正的基本要求

坚持形式公正与实质公正的统一观，首先必须弄清形式公正与实质公正各有哪些基本要求，并要尽可能地满足这些要求。

所谓形式公正，根据罗尔斯的解释，它是法律和制度被一贯公正地遵守和执行，或者是将法律制度平等地适用于所有对象。简单讲，形式公正就是外在规则的普遍适用。所以形式公正所强调的是法律规范适用的一致性、稳定性、明确性、确定性和可预测性。具体来说，形式公正必须满足哪些要求或者实现形式公正必须具备哪些条件？笔者认为至少需要满足以下几个方面的要求：

1. 司法体制架构的公正外观。形式公正要求，司法体制要给人一种公正的外观。公正外观是国际社会的共同语言、共同要求，在国际文件中一般表述为"司法独立"，用我们的宪法语言讲叫"审判独立"。一些国际公约、国际条例，包括联合国宪章都讲司法独立。但是一定要

注意，这里的司法独立有多种形态，有"三权鼎立"的司法独立，有议会制的司法独立，有总统制的司法独立，也有人民代表大会制的司法独立。不能把"司法独立"等同于"三权鼎立"式的司法独立。理解我国的司法独立，必须注意以下几点：第一，与"三权鼎立"、多党执政下的司法独立具有本质区别；第二，我国的司法独立是在党的领导下和人大监督下的司法独立，不能排除党的领导，不能排除人大的监督，这是我国政治体制所决定的；第三，我国讲的司法独立以公正审判为目的，更多的是讲要独立于人情关系，独立于行政权力和社会权力，独立于自己的利益。

之所以要强调审判独立，这是因为司法或审判独立是司法公正的一个必要条件，而且是非常重要的条件，尤其是国际社会非常看重的条件。在经济全球化的背景下，要同国际社会打交道，制度或体制外观是否公正，对于增强投资者信心极为重要。投资者最大的担心就是投资收益不能有保障。钱赚得再多拿不回去等于零，投资者必然要考虑交易风险、投资安全。而司法是保障投资安全的最后防线。作为一个投资者，对一国的领导人是怎么产生的或许不感兴趣，但他一定要考虑该国的司法是否具有独立性，能不能公正地审理案件特别是涉外案件。所以如果我们不强调司法这个特性，不给他们一种制度上的公正外观，国际投资者就会望而却步。这也正是几乎所有国家都争相标榜司法独立的原因所在。司法或审判独立是司法公正的一个重要条件或必要条件，但不是充分条件，不是全部条件。正因为这一点，要实现公正必须要有监督。这个监督制约机制在所有的国家都是存在的，只不过是由于各国的政治体制不同而监督的路径、监督的方式、监督的主体不同而已。但司法一定要接受监督，这是普遍的规律。因为法官不是天使，法官不是全能的神。所以在制度的架构上，既要有独立性，又要有可控性。实际上如果不讲可控性、不讲监督，司法也难以真正独立，这既是辩证法，也是规律，更是中国的国情所决定的。

2. 审判主体形象的中立性。中立是在当事人之间保持中立，在各种人际关系中保持中立，但是不能排除党的领导，不能排除接受监督。从形式公正的角度讲，审判必须是中立的。中立性包括以下基本要求：（1）任何人都不能做自己案件的法官，只要案件中有自己的利益必须申请回避；（2）不得偏袒、歧视任何一方当事人，对双方当事人都必须一视同仁、平等对待，这里的平等对待不仅包括权利、义务上的平等对待，而且包括法官在举止、表情、态度上对双方当事人的平等对待。

3. 当事人地位的平等性。形式公正要求当事人诉讼地位的平等。其实质是让双方当事人处于对等地位。只有这样，诉讼的成败输赢才有可能取决于案件的真实情况和有效法律的规定，而不取决于不相关因素。

4. 审判程序的合法性。形式公正要求审判程序必须合法，审判人员必须严格按照法律规定的程序办案，诉讼进程必须按照法律规定操作。

5. 事实认定的合规则性。形式公正要求案件事实要按照证据规则来认定，不得违反证据规则。

6. 法律适用的合规则性。形式公正要求审判人员必须遵循法律适用的规则，严格遵守法律适用效力规则、冲突规范的选择规则、法律规范的解释规则等等。

7. 裁判结果的合法性。形式公正不仅要求裁判方式符合法律的规定，而且要求裁判的结果符合法律的规定，经得起严格的逻辑规则的检验，裁判结果是将特定事实适用于法律规范的必然的逻辑结论。

总的来说，形式公正是司法审判的最基本要求。从本质上看，满足形式公正不仅要求合法性和合规则性，而且要求审判制度和审判主体必须给人一种公正的外观、公正的表象、公正的形式。

所谓实质公正，是指裁判在本质或实质上符合正义的标准和要求。它强调裁判要尽可能地实现个案公正，强调裁判要符合一定的社会目的。要满足实质公正的要求，笔者认为至少需要做到以下几点：

1. 审判主体事实上的中立。实质公正不一定要求形式上独立和中立，但要求事实上的中立。有时候，尽管制度架构不独立，审判人员也不中立，不符合形式公正的要求，但也可能在事实上是中立的。如包公审他侄子的时候，按照形式公正的要求他是应该回避的，由他主审侄子的案子就不能满足形式公正的要求，因为他与当事人有利害关系。但是包公大义灭亲，公正执法，尽管外表上是不公正的，但实质上是公正的。中国古代，一个县的县令就一个，如果县太爷回避了，就没人审案了，让老百姓到县外打官司，交通不便利，诉讼的成本太高，所以只能强调大义灭亲。我国史书传记上记载的公正的审判官基本上都有大义灭亲的情结。

2. 审判程序的正当性。实质公正强调的是审判程序的正当性而不是合法性，合法性和正当性是有区别的。合法性只要求符合法律的规定，正当性则要求符合社会公认的价值标准或主体价值观。审判程序的正当性，意味着审判程序必须符合正当标准，符合正当程序要求。就我国目前情况和审判程序方面出现的问题，大多属于正当性问题。比如证据的采信，法官在某些情况下可以拒绝接纳证据，有些法官在行使这个自由裁量权时，不考虑手段是否正当，比如指定双方当事人提交证据的期间太紧，当事人根本无法办到，结果超过了举证期限。再如，当事人申请法院调取证据，完全符合申请条件，但合议庭裁定"不予调取"。有权力拒绝，属于合法性问题，但如果当事人的请求具有正当理由，法院专横地予以拒绝，则不具有正当性。这就是合法性和正当性的区别。审判程序的正当性，可以用一系列规则加以衡量和判断。换句话说，应当建立正当程序的最低标准，至少包括以下内容：（1）任何人不能做自己案件的法官，即使没有法律的禁止性规定也应如此；（2）如果一个判决、裁定、决定涉及到某个人的权利义务的话，必须事先听取他的意见，允许他发表意见、提出异议；（3）如果需要当事人为一定行为或履行一定义务，必须在合理的时间内事先通知他，使他有足够的时间进行准备；（4）如果所裁决的事项涉及双方当事人，必须对双方当事人保持均衡、保持等距离，必须对双方当事人平等对待，不得对任何一方当事人偏袒或歧视；（5）如果裁决对当事人产生不利影响，必须具有法律根据和事实根据；（6）整个争讼过程必须保持高度的透明；等等。

3. 当事人地位的实质平等。形式公正要求当事人地位在法律上平等，而实质公正则要求当事人地位的实质平等。比如在开庭的时候，审判人员说，当事人各方发表辩论每人 5 分钟，这似乎一视同仁，形式上是平等的，但是否实质平等呢？是不是真正的公平？不一定。因为对没有道理的一方来说，一分钟他都没话说，但对有理的一方来说，则可能非常不够。而要做到实质公正，就必须让当事人各方充分发表意见，但前提是：第一，不得重复；第二，必须与本案争议的焦点有关；第三，不得有侮辱性或者其他诬蔑性的语言。法官可以做出若干正当限制，但唯独不可以限制的就是要让当事人把应当或者必须说的话讲完。要做到实质公正，就不能简单机械地一视同仁。再比如，要求当事人在两天之内提交所有证据，否则就不接纳，但是有的证据还需要调查收集，两天内确实很难提交，这就可能造成事实上的不公正。还比如，很多当事人请不起律师或者请不起真正有水平有能力的大律师，而另一方则有钱聘请律师甚至是高水平的律师，在这种情况下，当事人的地位就很难在事实上平等。要实现实质平等，就要求法官充分行使释明权，在法律许可的范围内，在无偏袒的情况下，对未聘请律师且不懂法的一方当事人给予适当的释明。过去审理案件法官太主动，有点超职权主义，后来搞庭审制度改革，结果走向另一个极端，庭审完全由当事人主导，法官过分消极，这是不对的。总之，在双方当事人地位明显不平等的情况下，裁判就很难期望公正。

4. 法律行为的正确、适当的解释。在诉讼过程中，经常会遇到一些法律行为的理解问题，比如合同中的一些模糊用语如何理解的问题，这就需要审判人员进行适当、正确地解释。要做到实质公正，就一定要正确、适当地解释它的含义和意思，而不能只从表面上、字面上进行解释。

5. 事实真相最大可能的恢复。要做到实质公正，首先要恢复案件事实真相。从形式公正的角度看，只要按照证据规则办事，就满足了形式公正的要求。但是仅仅是按照证据规则、按照法定程序推导出来的事实不一定就是客观事实。如果仅仅追求形式公正，那离实质公正的距离就大了。因此，从实质公正的角度看，必须最大可能地恢复事实真相。

6. 对法律规范的解释一定要符合法律的真意和应有之意。人民法院审理案件经常会遇到对法律规范的解释问题。对法律规范的解释如果仅从形式公正的角度来要求的话，只要符合法律规范的字面意义或文意就可以了。但从实质公正的角度看，就不能仅仅按照法律规范的字面意思来解释，不能机械地解释法律，不能搞教条主义、法条主义，解释的结果必须符合法律的精神实质以及法律所追求的目的。为此，就可能要进行目的解释和社会学解释。但是又不能走得太远，不能完全背离法律规范可能具有的文义。即是说，无论进行目的解释还是社会学解释，不能完全游离于法律规范可能的文义之外。之所以要如此，是为了实现法律规范的确定性和可预见性。所以对法律规范的解释一定要建立解释规则并遵守规则。问题不在于由谁来解释，把解释权交给谁都有可能滥用。问题在于如何建立解释规则，并有一套机制监督这些规则得到遵守。只有严格遵守规则进行解释，才可能解决同案不同判的问题，才能实现相同情况相同处理，不同情况区别对待，也才能使每个司法人员的解释符合法律的真意和应有之意。

7. 自由裁量权的正当行使。在刑事审判中，刑种的选择、量刑幅度的选择，存在比较宽泛的自由裁量权，有的罪名从拘役到死刑都有。有一种观点认为，只要法官没有超过法定幅度量刑，就是正确的，判决就是公正的。这种说法并不完全正确。因为外表合法，没有超出法定刑范围，最多只是形式公正，不能说是实质公正。实质公正要求正当性。法律赋予司法人员以自由裁量权的目的，不是让司法人员随心所欲地进行选择，而是要让司法人员根据每个案件的具体情况作出一个唯一正确或不可能有更好选择的选择。当然，要正确地行使自由裁量权，必须要遵循自由裁量权的规则。

8. 裁判结论符合公认的正义标准。从形式公正的角度看，只要裁判结论符合法律规范的要求就可以了，具体说，符合证据规则和法律适用规则就可以了。但从实质公正的角度看，裁判不仅要符合法律规范，还要符合法律规范背后的正义，符合法律规范应当体现和反映的特定社会的主流价值观。权利义务的配置、矫正也必须符合正义的要求。

9. 当事人之间的争议得到实质性的解决。从形式公正的角度看，只要依法裁决纠纷就可以了。而从实质正义的角度要求，不能一判了之，还必须使当事人之间的争议得到实质性的解决，不能官了民不了。

从以上分析看，形式公正和实质公正在有些情况下的要求是一致的，是相容的，但是在有些情况下，它们是难以兼容的，有时甚至是矛盾的。这就提出一个问题，在二者发生矛盾和冲突的时候，如何进行整合、协调？这是下一部分将要探讨的问题。

三、实现形式公正与实质公正的统一应当处理好的若干关系

1. 程序公正与实体公正的统一。关于程序公正与实体公正的关系，学术界及司法实务界有多种不同的说法：一是程序优先论；二是实体优先论；三是同等重要论；四是补充论，即以实体公正为主，以程序公正为辅。笔者主张统一论，即要尽可能做到程序公正与实体公正的统一。如何理解统一论？笔者认为应注意以下几点：

第一，实体公正是第一性的，程序公正是第二性的。所谓实体公正是第一性的，就是说程序公正不管如何重要，但毕竟是工具而不是目的，程序是为实体服务的，程序如果不能成为实现实体目的的路径，其价值就会大打折扣。

第二，应当尽可能地通过程序公正来最大限度地实现实体公正。实体公正在绝大多数情况下必须通过程序公正来实现，也就是要尽可能通过公正的程序、正当的程序来实现实体公正。

第三，在某些特殊的情况下，只要程序是公正的，就应当视为实体是公正的。也就是说通过其他渠道、其他方式无法证实实体是否公正的情况下，那么如果程序是公正的，即严格遵守了正当程序规则，就应当推定实体是公正的。

第四，通过程序实现实体公正是有条件的，不是无条件的。不是所有的程序都能够发现正义、接近正义或实现正义，而只有那种具有高度的正当性、具有高度的公正性的程序才能够实现实体正义，才有可能实现实体公正。

第五，当程序具有高度正当性，但程序未得到严格遵守，或者裁判者的程序性权力行使不当时，均难以实现实体正义。有一种观点认为，严格按照法律程序办了，或者说只要没有违反法定程序，就应当视为程序公正，实体也就应当推定是公正的。笔者不同意这种观点。因为我国的程序立法尚处于初级阶段，程序法制尚不健全，程序的高度正当化尚要假以时日。不少国家的诉讼法制定得非常详细，而且详其当详，略其当略。我国的诉讼法总的说条款很少，正当化程度有待进一步提高。仅仅依据这种程序还无法完全导向正义，即程序产生正义的概率还不够高。要实现实体正义，程序一定要具有高度正当性或高度合理性。所以，不能简单地说只要按照法定程序办事就应当视为实体是公正的。要做到程序公正，至少要观察以下几点：（1）是不是严格遵守了法定程序；（2）这个法律程序是不是具有高度的正当性，是不是科学合理，如果不合理，怎么来矫正它，怎么通过法官的能动性来弥补它的不合理性和不正当性；（3）具有高度正当性的程序是不是被严格遵守了；（4）当法律赋予审判人员以决定权、裁定权、处置权的时候，审判人员是不是高度正当、合理地行使了这个权力。只有认真地回答了上述问题之后，并且按照正当程序履行的时候，才能说实现了程序公正。罗尔斯在《正义论》中讲程序正义的时候，把程序正义分为三类：第一类，纯粹的程序正义。他以赌博为例子，在纯粹程序正义的场合，在结果上不存在哪个结果公正、哪个结果不公正，任何结果都是公正的，也没有一个判断的具体标准，只要程序正当并为参与者所公认，严格按照这个程序操作，不管你输、我输、他输，都是公正的。这就是纯粹的程序正义。第二类，完善的程序正义。在这种情况下，存在一个评价实体公正的标准，而且程序设定得非常完善，只要严格按照完善的程序操作，其结果必然是公正的。罗尔斯举的例子是分蛋糕，如果确定让切蛋糕的人最后取他自己的那一份，那么结果必然公正或为参与分蛋糕者认同。在这个分蛋糕的例子中，存在着一个实体标准，那就是每部分要均等或大致相同，切蛋糕者最后取自己的那一份。这是一个程序设定。这个程序设计得非常科学、非常完善，只要按照这个完善的程序办，就最终能够得到公正结果。第三类，不完善的程序正义。他举的恰恰是审判案件的例子，即使程序设定得非常完善，操作者严格按照程序进行运作，结果也不一定都是公正的，这就叫做不完善的程序正义。在不完善的程序正义中，存在着判断标准，如让有罪者得到相应的制裁是公正的，让无罪的人受到制裁或让有罪的人逃避制裁都是不公正的。但是无论程序设计得如何完善，其结果（或实体）也不一定完全是公正的。比如说当事人一方的证据灭失了，其本来合理的主张没有相应的证据证明，法院也不能支持他，反而会判他败诉。所以，司法正义在很大程度上来讲是不完善的程序正义，只能尽可能地使程序正当化并为各方当事人所接受，从而最大限度地实现实体公正。

2. 形式平等与实质对等的统一。形式平等通常指法律面前的平等。尽管做到这一点也经历了数百年的斗争，但其仍然是一个低标准。马克思主义批判的就是形式平等。当然，完全做到事实平等是很困难的。但是事实上平等、平等的尊重和关怀这些基本理念还是要接受和承认的，在条件尚不具备的时候，可以强调实质上的对等。在诉讼中不能简单地满足于形式平等，要力求做到实质对等，那就要做到以下几点：（1）要建立法律援助制度。对于请不起律师的当事人，特别是在刑事诉讼中请不起律师的当事人，要为其指定辩护人。（2）要建立救助基金。对于打不起官司的当事人，要对其予以救助。（3）在开庭审判的时候，要加大说理的力度，应该释明的要尽量释明，尽可能多作一些解释，让当事人双方均明白法律的规定和精神，都能在清楚其行为后果的情况下理性地选择其诉讼行为。（4）要注意信息的对称性。一方对法律后果很清楚，另一方什么都不知道，结果可想而知。必须确保双方当事人在透明的状态下，在信息对称的状态下，作出理性的选择。（5）要注意抑强扶弱，不能让任何当事人利用其强势地位，不允许任何人在诉讼过程中支配或威胁另一方，从而剥夺对方的话语权。（6）要确保当事人双方均拥有充分的陈述权、表达权，要让各方当事人在不重复的情况下就案件有关的事实和法律进行充分的陈述。

3. 形象公正与结果公正的统一。所谓形象公正，是指法院或审判人员在外观上的公正，也叫表象公正；所谓结果公正，是指裁判结果的公正性。在司法实践中，很多案件裁判结果是公正的，但是当事人就是不理解，就是要上访，其中一部分就是因为法院或法官形象不公正造成的。但是，也有案件表面上很公正，形象也非常好，但裁判结果却不公正。良善的审判人员要做到这两者的统一。为此，首先要力求形象公正。要注意以下几个方面的形象：一是制度形象。规章制度，都要力求给当事人一种公正的信心。二是过程形象。审理过程和程序都是公正的。三是人格形象。法官要具有公正的人格魅力。四是语言、行为形象。法官的言行举止必须公正，不得显出有任何偏袒和歧视。五是仪表形象。端庄的形象有助于显示司法的严肃与权威。六是文书形象。法律文书应当符合规范，不可违反逻辑和语法规则，不能出现错别字。

4. 法律真实与客观真实的统一。过去我们强调实事求是，把恢复或发现客观真实作为诉讼过程追求的核心目标，这样不仅浪费了诉讼资源，同时也带来了很多负面效应。后来又从一个极端走向了另一个极端，认为在诉讼过程中只存在法律真实，不存在客观真实，从而过分强调法律真实而不太注重客观真实的发现。笔者认为还是要讲二者的统一。如何统一？必须做到以下几点：

首先，客观真实是第一性的，法律真实是第二性的。为什么？其一，我们之所以要建立一系列的证据规则，目的在于恢复事实的本来面目，如果仅仅是为了追求所谓的法律真实而不期待恢复事实本来的面目的话，那又有什么意义？所以客观真实是第一性的。其二，如果没有客观真实存在，法律真实又怎么检验呢？如果客观真实本身已不存在或根本无法发现，法律真实又从何而来？其三，从辩证唯物主义的观点看，司法的过程就是要恢复客观真实，但由于客观事物是变化的，完全恢复每一个细节确实非常难，甚至可以说是不可能的。但是，审判要恢复的是与案件相关的要件事实、基本事实，并不要求恢复所有的细节。从这一点上来说恢复客观真实并不是不可能的。

其次，在诉讼开始前，客观真实对司法审判人员来说是未知的，必须通过法定正当的程序并遵循一定的规则来发现、认知。为了最大可能发现客观真实，首先必须制定发现客观真实的科学的、具有高度正当性的程序规则和证据规则。

最后，为了最大限度地发现客观真实，法官、审判人员必须严格按照科学的、具有高度正当性的规则办事。需要注意的是：要最大可能发现客观真实，不能过分强调举证时效、证据失权以及证据的合法性。举证责任制度是一种形式理性，在具体运用过程中应予以全面把握。在分配举证责任的时候，必须考虑到谁承担举证责任更有可能发现客观真实，举证具有更多的方便条件，更可能接近于客观真实；必须考虑谁承担举证责任更有利于息诉止争；必须考虑谁承担举证责任更符合我们所追求的价值观。举证期间的指定一定要合理、正当，因为设立举证期间的目的无非就是防止当事人故意把证据留到最后搞证据突袭，防止其故意延长诉讼期间来实现另外的企图。在证据失权问题上，要把握以下原则：如果超过法定期间没有提供证据，但不是由自身的故意和重大过失造成的，原则上要延长举证期间，不能简单地以举证期限届满而不予接纳。要求证据具有合法性的正当性在于：一般说来只有通过合法的程序和形式，才能保证证据的客观性和真实性；为了保护公民的基本权益，必须严禁以侵犯公民基本权益的方式获取证据。但是如果不分青红皂白，将违法证据一一排除，基以定案的证据就会减少，证据越少，发现真实的概率就会越低，所以对非法证据的排除一定要理性，一定要适度。过去美国对非法证据排除得很厉害，走了很多弯路，现在也有一定程度的放宽。对可以补证的，要尽量补证，使其具有证据效力。对于欠缺合法性但对证明力不具有实质性影响的，也不要随便排除。只有那些由于不具备合法性，从而使证据本身的证明力产生重大疑问，或者造成对公民的基本权利的严重侵害的时候，才应该排除。对于优势证据的判断，一定要结合其他证据进行综合判断，切不可简单、机械地按优势规则进行判断。

5. 合法性与合理性的统一。要实现公正司法，全面实现司法正义，仅仅满足合法性是不够的，必须在合理性上下功夫。要做到合理司法，必须要正确行使自由裁量权。要正确行使自由裁量权，需要遵守以下几个规则：（1）合目的规则。在行使特定自由裁量权的时候，一定要符合法律授予该项自由裁量权的目的，法官应当反思法律为什么要授予执法、司法主体以自由裁量权，给执法者、司法者留有选择空间的目的是什么，然后看所选择的裁量是不是符合立法的目的。（2）正当考虑规则。所谓正当考虑是指应当考虑的因素必须考虑，不能考虑不相关的因素。自由裁量权的行使肯定要考虑一些因素，比如情节、后果、手段，这都是应当考虑的因素，但是有些因素不是法律要求应该考虑的，有的甚至是禁止考虑的，如人际关系、当事人的美丑等等都不是应当考虑的。（3）平等对待规则。平等对待是指相同情况相同处理，不同情况区别对待。执法、司法者不能厚此薄彼，反复无常，不可捉摸。（4）比例规则。比例规则讲三性：一是相适应性，即所选择的手段与要达到的目的应当相适应，而不应当相互冲突、相互矛盾。二是必要性，即所选择的手段或方式必须是对当事人权利负面影响最小的，在能够实现目的的前提下，对权利的侵害必须是最少的。三是平衡性，即采取的手段与目的应该相应相称，一旦目的实现，手段就应当终止。

6. 个案正义与法的确定性的统一。法院所处理的案件总是千差万别的，但是它们又有一定的共同性，案件之间的共同性构成了法律调整的基础，也是法律规范存在的理由和根据。法律规范要强调普遍性和确定性。中国晋代律学家张斐说，法律不是"穷理尽性之书"，它是具有普遍意义的，必须要普遍适用，如果法律定得太详细，能够确保所有个案公平，那个法律必然会非常复杂，谁都运用不了，最终会无疾而终。前些年，一位英国高级官员说，如果能发起一场新的法律改革运动的话，他要做的第一件事就是要把现在所有法律和所有的判例全部烧掉，因为现在的判例太多了，一千多年前的判例还在使用。人们感到太复杂，非专业人士无法利用。中国历史上秦王朝制定的法律规范多如牛毛，法网密于凝脂，结果法律越是细密就越不好适用，所以刘邦推翻秦王朝后"约法三章"，"秦人大悦"。总之，法律不能太烦琐。但是法一简略，必然会留有很多自由裁量权。而自由裁量权越宽，虽然容易实现个案正义，但容易导致自由裁量权的滥用。只有一方面放权，另一方面又同时强化对自由裁量权的监控，才可能实现个案正义与法的确定性的统一。为此，需要注意以下几点：（1）在一定程度内、一定的范围内要牺牲个案的正义来维护法的确定性和稳定性；（2）适度授予法官自由裁量权，以确保尽可能照顾个案的正义；（3）自由裁量权的行使必须遵循规则，必须防止自由裁量权的滥用；（4）要进行制度化设计，对明显不公的个案要采取衡平措施来加以救济。衡平从古罗马开始，英国有衡平法院，普通法院解决不了的，没有办法救济的，由衡平法院解决，另外一些国家的大赦制度、赦免制度，就是救济个案明显不公的制度。英国曾经有个案例，当时有个大船翻了，有4个人逃到小船上，8天没吃东西、6天没喝水，其中有个17岁的年轻人奄奄一息，本身又生病了，其他3个人经商量把这个生病的人杀了，并吃了他的肉，得以活下去。之后他们终于上岸并得救了。得救之后要追究他们的刑事责任，按照当时英国的法律是要判他们死刑的，但是最后英王发了赦免令，判决他们6个月监禁。这样既实现了个案正义，又维护了法律的确定性。中国现行刑法中也有在特殊情况下在法定刑以下判刑的制度，但如果要在法定刑以下判刑，必须向最高法院复核，用这种方法来求得个案公正与维护法的确定性的统一。

7. 司法的能动性与司法的自限性的统一。要做到实质公正、实体公正，仅仅靠法官消极地、被动地执行法律是办不到的，法官必须具有适度的能动性。在强调形式正义的年代，法官消极执行法律就可以了。事实上，法院不可能像售货机一样，输入法条和事实之后，就可以输出判决。如何发挥能动性？（1）要正确地解释法律。可以通过对法律的解释来避免法的弱点，避免法的局限性和滞后性。董必武曾经讲过，法律有问题的时候，我们要用社会主义法律意识加以避免，要变通执行。在现有体制下即使不能变通执行，但至少可以把法律缺陷的负面作用降至最低程度。通过法官对法律的善良解释完全可以将法律的缺陷降到最低限度。当然，前提是要符合解释规则。（2）要善于填补法律漏洞。在法律没有规定的情况下，要善于填补法律的漏洞。当然在刑法上填补漏洞要受罪刑法定原则的限制。在民事、行政审判上，有很多法律漏洞是可以填补的。（3）在法律规范相互冲突、相互矛盾的时候，法官可以充分运用判断权和选择适用权排除"问题规范"的适用。（4）在面临合法性与合理性相背的困境的时候，要发挥主观能动性进行调适。比如，可以通过自由裁量权的行使，调适合法性与合理性的关系。（5）在各种利益、价值相冲突的时候，法官要进行利益衡量和价值平衡，做到形式公平与实质公正的统一。

8. 法律标准与社会标准的统一。法官处理案件，有时候会遇到是按照法律标准办事还是按照社会标准办事的两难选择。法律标准是指按照法律规定判断，社会标准是指按照社会舆论、人民群众的呼声等等进行判断。做到法律标准与社会标准的统一，需要注意以下几点：（1）必须首先满足法律标准。法律标准往往具有客观性，社会标准不一定具有客观性；法律标准具有确定性，社会标准往往具有不确定性；法律标准具有一定的技术性，社会标准更多考虑道德性。（2）不能无视社会标准。社会标准有时候反映了民意，反映了一种社会公正的价值观。在某些特殊情况下，社会评价可能比法律评价更准确。美国洛杉矶的白人警察殴打了黑人罗格里金，当时组成的陪审团全部是白人，所以陪审团一致认为白人警察是无罪的，这样就不能判这个白人警察有罪。当时引起了黑人骚乱，动用了很多防暴力量才平息下来。所以不能把法律标准绝对化。但是社会标准也不一定准确，比如湖北的佘祥林案，有200多名群众签名要求判处他死刑立即执行，好在后来没有作出这样的判决，如果简单按照民意判决的话，佘祥林就成了牺牲品。任何一个工作人员都有其职业偏向，人类在拥有经验的同时，也可能积累偏见，隐藏了很多缺点。（3）要理性地对待民意。对于民意要注意以下几点：一是要分析社会舆论形成的原因、来源。有些意见是被当事人所误导的，有些意见是当事人做工作形成的，有的意见是真情实感的流露，有的意见是对真实情况不太了解造成的，有的意见是对法律产生了误解所导致的。所以一定要进行分析，不能简单地把任何意见都说成是人民群众的要求。二是不能超越法律规定满足舆论的要求。因为超越法律规定满足舆论要求就可能形成一种印象：只要一些人坚持一种意见或采取极端手段，就可以左右法院的裁判，就可以改变法律的规定，如此将后患无穷。三是如果来自社会的意见是正确的，或具有一定合理性，应当在自由裁量权范围内、在法律许可范围内尽可能予以考虑。

形式公正与实质公正的统一是一篇永远做不完的文章。但只要我们一方面注意到形式公正的要求，另一方面尽可能实现实质公正的要求，就能最大限度地实现司法公正、满足人民群众的期望。当然，这需要付出代价，需要我们做出更多的努力，但这样做是值得的。

第十二章　论法律效果与社会效果的统一

法律效果与社会效果的统一，似乎成了当下执法、司法人员最时髦的话语，但为什么要强调二者的统一，如何实现二者的统一，不少人并不十分了解，故有必要进行一些辩证思考。

一、为什么要强调法律效果与社会效果的统一

法律效果与社会效果的统一，不是一个简单的政治口号，而是司法的本质和规律的要求，有着深刻的内涵。

（一）它是由法律与社会的关系所决定的

众所周知，法律是社会关系的调节器，它的主要功能是调整社会关系，整合社会利益，维护社会秩序，实现社会福祉。这也是法律的终极目标。摩尔根的《古代社会》和恩格斯的《家庭、私有制和国家的起源》都认为，公共权力机构、法律都是适应社会的需要而产生的。法律的功能和作用最终是通过社会体现出来的。法律和社会这样一种天然的、历史的关系，决定了在司法活动中，必须高度重视法律效果与社会效果的统一。

（二）它是由法律的局限性所决定的

人们过去为了树立法制的权威，强调法律的重要性，曾经给法律赋予了很多美好的性质，比如说法律是人民利益的根本体现，是客观规律

的反映，是共同意志的表现，是公益的体现等等。尤其在我们这样一个国度，在人们对法律的信仰还很不够的情况下，这样强调是有它的积极意义的。但是作为一个法官，应当清醒地认识到，任何法律都是有缺陷的。世界上没有完美无缺的法律，也没有能够管几百年、几千年的法律。法律的局限性是客观存在的，任何一个国家的法律都概莫能外。而且法律这种局限性恰恰是它的优点的不适当的延长，是很难避免的。法律具有稳定性，而过分的稳定势必会陷入僵化，就不能完全与社会发展变化的需要同步；法律的普遍性要求对所有的人都一视同仁地适用一个标准，但是要实现真正的公正就必须考虑每一个个案的具体情况；法律具有强制性，这是法律的一个重要特点，但它与人的本性又是相冲突的。法律的这些局限性，都是与生俱来的，是不可克服的。邱吉尔曾经说过，"民主制度是一种非常糟糕的制度，只是其他的制度比它更糟"。同理，法律制度也是一种无奈的选择，因为其他手段比它更糟。我们之所以要信仰法律，坚持依法治国，坚持依法行政，是因为法律与其他手段相比，具有比较优势，或者说比其他手段要好些，用邓小平的话讲就是"更靠得住些"。法制是人类社会的一种选择，但它是一种无奈的选择，因为法制毕竟是一种外来的强制和规范，而人的本性是偏爱自由的，强制对人的自由是有约束的，与人的本性是有冲突的。那为什么又需要法制呢？因为没有法制，人们可能丧失的自由会更多，对整个社会来说，可能更加不自由。所以人们选择了法制这样一种路径。怎么样来克服这些局限性？法官的责任不仅仅是把法律实施于社会，实施于个案，还有一个更重要的责任，就是要弥补它的缺陷，矫正它可能带来的偏失。一个高明的法官应当通过法律应用过程，弥补法律的偏失，矫正法律的失误，弥补法律的不足。所以单纯追求法律效果是不合适的，需要用社会效果来进行纠偏。

（三）它是由司法的性质、功能和目的所决定的

司法是把普遍的法律应用于具体个案，使法律能够得以实现。但这并不是司法的最终目的，因为法律本身虽然体现和反映着一定利益，但不是直接的利益。司法的最终目的是要调整好社会关系，实现整个社会的福利和福祉，这个最终目的要通过实施法律来得以实现。所以把司法仅仅看作是一种法律适用，把法官仅仅当作一个适用法律的工匠，是不正确、不全面的，至少是肤浅的。司法的最终目的是要通过法律的运用和实施，给社会、给人民带来福利。基于司法的最终目的或者更高层次的目的，就必须强调法律效果与社会效果的统一。

（四）它是中国所处的特定的历史时期所迫切要求的

中国当下正处在转型过程中，正处在从人治国家向法治国家、从计划经济向市场经济、从单元社会向多元社会、从带有封建残余的社会向高度民主、法治的社会转轨的过程中。"转轨"这两个字，可以说集中体现了我国当今时代的一个重要特征。不少国家都经历过这样一种转型期或者转轨期。转型期的法制不可能是成熟的法制，转型期的社会是不成熟的社会，其社会承受力是最脆弱的，即是说转型社会的张力和凝聚力都非常脆弱。同时，转型期的社会又是矛盾的高发期，是各种利益冲突比较集中的时期。有人提出，当人均国民生产总值达到 1000 美元到 3000 美元时，是社会矛盾的突发期和高发期。在这个时期，法制不健全、不完备，社会关系变动急剧，法律和社会关系经常处于紧张状态。非转型时期的社会关系、法律关系都比较稳定，各种事物比较定型，法官也相对比较轻松。尽管社会在任何时候都是在变化的，但不管怎样，没有转型社会这样急剧的变化。面对这种急剧的变化，如果我们死死地坚守法律条文，不考虑社会的发展变化需求，显然就会犯刻舟求剑的错误。所以，在中国所处的特定历史时期，如果没有适度的应变能力，法官就可能是一个不受这个时代所欢迎的法官。这并不是说处于这个时代的法官命运不好，而是说这个时代决定了法官必须有更强的能力，更多的作为。因此，法官必须要有应变能力，要适应特殊的历史环境，否则就可能被这个时代所抛弃。

（五）它是中国目前司法的现实状况所需要的

从司法的现实状况来看，大体有两种情形：一方面，有的法官在司法中过于机械地、刻板地、形式主义地适用法律，使案件的裁判与社会的舆情、与大众的情感、与整个社会的潮流产生尖锐的冲突。另一方面，有的法官把社会效果庸俗化，过分地强调所谓的社会效果，用社会效果取代法律效果，从而使裁判完全背离法律的规定，摧毁了人们对法律的信仰，使法律丧失了它的确定性、稳定性、统一性和一致性。正是存在着以上两种不同的状态，有必要强调法律效果与社会效果的统一。

（六）它是由法律效果与社会效果二者的内在关系所决定的

法律效果与社会效果从本质上来说是统一的，并不存在根本冲突。但是在现实中，这种冲突又无处不在。原因主要在于：一是对法律效果与社会效果这两个概念的理解和把握存在歧义。例如，如果把法律效果纯粹看成是形式地适用法律，或仅仅按照字面的意思来适用法律，显然与社会效果就不可避免地发生冲突。相反，如果把社会效果狭义化、庸俗化，那么也会导致它与法律效果的尖锐冲突。二是社会矛盾本身也可能带来冲突。有很多权利、很多利益是相互冲突的。如果社会利益没有冲突，那么法院、警察、政府便是多余的。在相关利益存在冲突的情况下，就会导致法律效果与社会效果的关系处于紧张状态。三是立法的滞后性或立法的技术问题，导致法律与社会的严重脱节，也带来了法律效果与社会效果的冲突。四是由于司法机关和司法审判人员在运用法律时没有遵循基本规则，不考虑社会需求，或者过分强调它的社会效果而忽视法律效果，从而造成了二者之间的冲突。可以说，在现实审判活动中冲突是经常发生的。正是这样一种现状，要求我们必须经常地、理性地处理好法律效果与社会效果的关系。

应当看到，强调法律效果与社会效果的统一，是司法的命运所系，司法的前途所系，司法的生命力所系。英国的星法院当年就是因为不注意法律效果和社会效果的统一，最后被革命派取缔了。法国大革命时期的普通法院站在保守立场上喜欢跟拿破仑搞对抗，拿破仑遂主张法院无权干预政府的事情，另起炉灶，建立了行政法院，剥夺了普通法院的行政裁判权。行政法院就是这么产生的。这是不注意法律效果和社会效果统一的典型实例。可见，强调法律效果与社会效果的统一不是中国才有的事情，也不是一个政治标签或政治口号，它确实关系到司法审判的前途和命运。

二、如何实现法律效果与社会效果的统一

可以说，法院的全部正当活动，都是在追求法律效果与社会效果的统一。实现法律效果与社会效果的统一，有太多的事情要做、可做，因而对如何实现二者统一这一问题的回答可以有无穷解。这里仅就一些基本的要求进行粗浅的探讨。

（一）准确地界定、正确的理解法律效果与社会效果

法律效果与社会效果可以说是当前司法实践中重复率最高的词汇之一。然而，什么叫法律效果，什么叫社会效果，实际上每个人都有自己的理解。有人认为法律效果就是人们对法院的审判执行活动是否符合法律规定所作的评价，即法律效果是一种评价，这种理解的定位在评价上；有人认为法律效果就是法律规范的实现程度，这种理解的定位在实现和实施上；有人认为法律效果就是法律作用的结果能否达到法律的预期目标，这种理解是用法律的预期目标来作判断的；有人认为法律效果就是法的行为规则在社会中为人们所遵守、适用和执行的状态；有人认为法律效果就是法律作为一种规范期待和要求的效果，即社会应当达到一种预期状态；有人认为法律效果就是法律措施对当事人权利义务所产生的影响的总和；还有人认为法律效果就是通过严格适用法律来发挥依法审判的作用和效果，即严格适用法律就是法律效果。在实际司法过程中，对法律效果的理解更是千差万别。要实现法律效果与社会效果的统

一，首先概念必须统一。那么，究竟何为法律效果？可以从宏观上归纳为两种标准：一种是主观标准，把法律效果看作人们对司法过程及结果的一种合法性评价；一种是客观标准，即司法过程及司法裁判在实际上、事实上是不是合法的。总之，不管是主观标准还是客观标准，法律效果所要回答的都是合法性的问题，是法律规范的实现程度问题。关于法律规范的实现程度，实践中也会产生分歧。有人认为要看法律的字面意义，看表面上是否符合法律规定，表面上符合法律规定就具有法律效果；有人认为不能看表面的文字，而必须看法律的精神，只有法律的精神和目的实现了，才能算是法律效果得到了实现。所以对于法律效果，又有形式主义的标准和实质主义的标准的区别。再作进一步的划分，实质主义的标准又可分为两种，即历史主义的标准和现实主义的标准。历史主义的标准认为法律是立法者制定的，立法目的和精神主要看历史上立法者当时的意图是不是实现了，即以立法者制定该法律条款时追求的目的、基本精神为准。而现实主义的标准则认为在解释法律含义的时候，不仅要看到过去，还要假设立法者在现实的条件下可能或将会怎么看；不仅仅追求过去的目的，更要追求现实的目的——现实的立法者在特定的现实的背景下应该追求的目的，即以追求立法者现实目的为准。可见，法律效果涉及的问题很多，内涵十分丰富，很难说哪一个绝对正确。笔者倾向于二者兼顾，因为偏向任何一方都可能会出现问题，会走向极端，走向绝对化。要正确地把握法律效果，合法性是一个中性的词，它包括形式的合法性、实质的合法性、历史的合法性以及现实的合法性。

对社会效果也有不同的看法。有人认为社会效果是社会对法院各种活动的评价，是司法的效果得到社会的认同，即公众对审判行为所产生的结果的认同，这是主观标准；有人认为社会效果是法的社会功能的实现程度，是对社会的影响程度和影响方向；还有人认为社会效果是通过法院的审判执行活动，使法的本质特征和法的秩序、自由、正义、效率等基本价值得以实现，这是客观标准。还有其他的一些理解，可以说是五花八门。总之，可以归纳为两个标准，一种是主观标准，一种是客观标准。主观标准强调社会对法院的评价、认同和赞成度、公认度、公信度；客观标准强调法的社会价值的实现程度，对社会的影响程度和影响方向。社会是多元的、复杂的，社会的价值也是多方面的，每一个人对社会价值的判断都有其主观性。一个人可能强调这一方面的社会价值，另一个人可能强调另一方面的社会价值；有的会强调经济效果，有的会强调政治效果；有的注重人际关系的和谐，有的注重权利的保护。所以社会效果很复杂，但不管怎样，大体可以以主观标准和客观标准来划分。判断社会效果需要有一个中性的词，即对司法的整个过程，对司法审判行为、执行行为以及对社会所产生的"影响"，包括影响的方向、影响的力度、影响的大小等。但"影响"也是方方面面的，包括道德的、经济的、政治的，还有文化的、心理的、社会的（指狭义的社会，它与政治、经济、文化是一个并列的概念）。社会效果显然强调的是法律社会价值的实现程度，倾向于法律价值和司法目的的实现。

正确理解法律效果必须避免"三化"：第一，要避免机械化，即机械地适用法律。第二，要避免形式化，即只追求表面上符合法律，不追求法律目的和法律精神的实现，不追求实质上、本质上符合法律的精神和内在要求。第三，要避免字义化，即只追求表面的文义，咬文嚼字，死抠法律字眼。不少同志高谈法律效果，严格依法办案，但实际上，他们坚持的不是法律的真正的、本质的东西，而是法律表面的东西，只是法律的皮毛。

正确理解社会效果也要克服"三化"：第一，避免把社会效果庸俗化。有的人强调社会效果实际上就是不按法律办事，用社会效果来冲淡、抵销法律效果。第二，避免社会效果单一化。社会是复杂的整体，价值呈多元化态势，利益诉求也是多种多样的，不能仅仅以点看面，以偏概全，对社会效果必须全面、综合地考量。既要考虑政治、经济因素，也要考虑文化、社会因素；既要从眼前考虑，也要从长远考虑；既要考虑公共利益，也要考虑个人利益等。第三，避免社会效果的短期化。即只谋求短期的效益，而不从根本上、长远上来看待社会效果。

（二）树立科学的司法观和公正观

这里有必要对科学的公正观问题加以深入探讨。公正是司法的永恒主题，从古到今任何一个朝代都讲公正，尽管事实上不一定公正。如希特勒领导的法西斯也讲"公正"，只不过他们的公正有其自身的含义和目的而已。罗马有一句格言，"即使天塌下来也要坚持公正"，后来英国的丹宁勋爵、拉斯菲尔德勋爵也多次强调追求公正是法官的使命或终极性使命，甚至认为，如果一个案件的判决可能会引起一场战乱的发生，那也别无选择，也必须捍卫公正。什么是公正？每个人的回答未必相同，大家都有自己心目中的公正概念和理念。

树立科学的司法观和公正观主要涉及以下四个方面的问题：

一是法官的主动性、能动性与消极性、被动性的问题。在一段时间里我们强调法官的主动性，要求法官主动上门服务、上门办案，结果导致高度的职权主义，使审判过程变成了高度的职权主义化的过程。后来有学者和实务界人士把西方的关于司法消极性、被动性的观念引入国内，甚至一度成了主流观念。司法消极性观念的引入，在一定程度上克服了超职权主义的弊端，但也出现了司法消极主义必然存在的问题。事实上，司法过分的消极和被动在西方已经被认为是一种过时的观念，司法能动主义早已对其形成冲击。司法能动主义使司法与社会的发展进步合拍，司法的消极性、被动性使司法保持应有的中立和超然，不可片面和僵化地理解，走向极端。

二是法律真实和客观真实的关系问题。过去强调司法审判以事实为根据，以法律为准绳，而且这个事实是指客观事实。认为在审理案件时，如果没有完全发现和恢复事实真相，法官就没有尽到责任。由于司法实践存在诸多问题，学术界便有人提出司法应当以发现法律真实为底线，并且认为客观真实是无法全部发现的。目前这两种观点的论争还在继续。客观真实的恢复虽然很难，但司法如果不以恢复客观真实为目标，那法律真实就会成为"没头的苍蝇"，无法界定。笔者认为，司法须以追求客观真实为先导，只有在客观真实无法恢复的时候，才退而求其次，追求法律真实，这样才真正把握住了二者之间的关系。

三是程序公正与实体公正的关系问题。过去的"马锡五审判方式"不拘形式，不拘程序，在田间地头随时开庭审判，只要能方便群众，把案子办公正就可以了。这种审判方式更多地是强调实体公正。但同时，我国在相当一段时期存在着重实体、轻程序的倾向，认为程序是资本主义的虚伪的东西，只要实体公正，就是全心全意为人民服务，任何东西都在其中了。当然，处在当时特定环境下，重实体、轻程序是不可避免的，但因此说中华民族有重实体、轻程序的传统，有失偏颇。中国在历史上是很重视程序的，如古代的礼制，大多就是程序规范。所谓礼治，在某种意义上说就是程序治国。抛掉礼制是从"五四"运动开始的。实践证明，轻视程序价值，确实带来很多弊端。二十世纪末，不少学者受西方的影响，强调程序价值，讲究程序公正，但有的人又走到了另一个极端，认为程序公正就是一切，只要程序公正实体肯定是公正的，可以用程序公正代替实体公正。其实这也不正确。罗尔斯的《正义论》在论述程序和实体的关系时，认为只有在特定情况下，只要程序公正，实体必然公正，但这种情况极少，只有在类似赌博的情形下才有可能。在其他情形下，程序公正虽然有助于实体公正的实现，但并不能划等号，不能绝对地保证实体公正，程序公正则实体公正是或然现象而不是必然现象。强调程序公正的绝对价值并不是没有价值的，它确实有助于冲击过去那种完全重实体、轻程序，甚至不要程序的观念，但矫枉过正也会带来另一方面的问题，所以有必要反思程序公正与实体公正的关系。

四是形式正义与实质正义的关系问题。形式正义指的是表面上符合法律、制度、规范的规定，即只要严格依法办事、依制度办事、依规范办事就实现了形式正义；而实质正义则强调必须符合某种特定的价值标准和正义诉求。在相当一段时间内，我国比较强调实质正义，如全心全意为人民服务、"三个有利于"和"三个代表"就是实质正义的标准。而形式正义强调的是严格依法办事，不管这个法本身怎么样，只要依法办事就符合正义；认为法官的天职就是执行法律，而不管法律对错与善恶。后来我们强调依法治国、依法审判和依法办事，要求做到"有法可依，有法必依，执法必严，违法必究"，这实际上是形式正义标准。总之，形式正义强调法律的规制，而实质正义强调事实上是否符合某种特定价值标准。如果法律规定与实质标准完全重合，形式正义与实质正义便没有冲突；但如果法律规定与实质标准不一致，形式正义与实质正义显然会发生冲突。其实严格的形式主义法律观也是有问题的。西方也经历过这样的一个历史发展过程。西方封建时代大都是擅断主义，后来资产阶级革命强调严格的法制，实行严格的规则主义，但严格的规则主义带来了很多的不公平或社会问题，于是西方又出现了一种反形式法制的倾向。我们现在强调依法治国，而在西方已经属于过去时代的事情了。一些国家已经进入一个更高层次，即后现代主义时代。后现代主义在哲学、经济学、政治学、社会学以及人类学领域都有反映。它强调解构，反对机械论和形式主义，更多地强调形式理性与实质理性的统一，也就是说，在司法领域不能仅仅按形式正义判案，不仅要依法办事，还要看这个法是好法还是坏法，这个法符不符合最高的正义原则，即对于所依之法本身要进行合宪性甚至正当性判断。我国立法法的出台在一定程度上来说，是一场革命，标志着中国在法治的道路上进入了一个更高的层次，它不仅要求依法办事，还要求法本身是合宪的、合上位法的。违宪审查制度的产生就意味着追求实质正义时代的到来。

（三）要正确地解释和选择法律，并合理地填补法律的漏洞

任何法律都不可能十全十美，即使是标榜法制最完善的国家，其法律也会出现或多或少的漏洞。可以说，法制的完善是相对的，而法制的不完善是绝对的。既然法律不可避免地存在缺陷，法官就有责任来加以弥补。过去在司法和立法的关系上过分强调法官的被动性和消极性，其

至不正确地把这种弥补当成"法官造法"，是对立法权的僭越，并把它当作专制主义或暴政的表现，其实是一种误解。美国开国之初，联邦党人就充分论证了司法专横尽管有很大的破坏性，但是远远不能与立法、行政专横相提并论，它在"三权"中是最弱小的。由法官弥补法律的漏洞，事实上是平衡"三权"关系的一个重要机制。现代法治国家都不同程度地赋予了法官合理填补法律漏洞的权力和选择适用法律规范的权力。法官适用法律，首先是要正确地解释和选择法律规范。在行政法学领域，笔者首先提出了法律规范的选择适用权这一概念。虽然法官没有对法律规范的司法审查权，但必须拥有法律规范的选择适用权。法律规范之间的冲突，包括不同层次法律规范之间的冲突和同一层次法律规范之间的冲突，比比皆是。在两个法律规范处于冲突状态之下，法院不可能就同一事实同时适用两个相互矛盾的法律规范，有时甚至两个法律规范都不能适用而必须选择其他法律规范，如果法官没有这种选择适用权，就无法办案。那么怎样选择适用？必须建立一整套规则。这套规则不仅要吸收国外的一些经验，还要总结我们自己的一些经验，如后法优于前法、特别法优于普通法、高层级的法优于低层级的法、主管部门的法优于非主管部门的法等一般原则。但在适用这些规则的时候，要特别注意其适用条件以及例外情形。

在适用法律时还必须注意效力规则，包括时间效力、空间效力以及对象效力规则。这些规则在法理学上都有述及，这里不再赘述。如果法官选择的法律规范属于"问题规范"，显然不会产生良好的法律效果与社会效果，要做到法律效果与社会效果的统一，必须正确地选择适用法律规范。

法官适用法律的第二个方面是如何填补法律漏洞。在实践中我们经常发现法律存在着很多漏洞或盲区，在有些领域没有法律进行调整，或者虽然有法律调整，但法律规范明显存在漏洞。这些漏洞包括积极的漏洞和消极的漏洞，前者是指过分地涵盖或概括，后者是指涵盖不足或明显存在着缺陷。面对法律的漏洞，可以有两种态度：一种是消极的态度，即简单地在判决书中就当事人提出的诉讼请求以于法无据为由予以驳回；另一种是积极的态度，即积极地来弥补法律的漏洞，虽然法律没有规定，但是根据某些法律漏洞的填补规则弥补法律的缺陷，即用法官的意识、推理、技巧来填补法律漏洞。要合理地填补法律的漏洞，必须依照规则办事。填补法律漏洞的方法通常有以下几种：第一种方法是"举重以明轻，举轻以明重"。第二种方法是类推。需要注意的是，我国旧刑法规定了类推的原则，但新刑法已经取消了，所以类推与罪行法定和处罚法定原则是不符的。类推在行政处罚法和刑法上是限制适用的，但在民商法以及除行政处罚外的行政法中还是有适用空间的。第三种方法是目的性限缩。目的性限缩是填补积极漏洞的一种方法，即通过反思立法的原因和目的，来对存有问题的规定的外延进行限制以弥补法律的积极漏洞。第四种方法是目的性扩张。跟目的性限缩相反，目的性扩张是填补消极漏洞的一种方法。现实中有的法律规定过于狭隘，立法者在立法时只关注了某一方面而忽略了其他方面，即在字面上没有把某些对象包含在内，概括的范围过窄。目的性扩张即是在遵循法律目的的基础上扩张法律适用范围以涵盖被遗漏的对象。总之，填补法律漏洞的方法主要有以上诸种，但是要注意，这些方式方法在具体适用中都受到一定限制。

（四）要正确行使自由裁量权

在任何国家、任何朝代，都会或多或少地赋予法官一定程度的自由裁量权。但中国的刑律有例外，特别是在清末以前，刑律自由裁量的幅度很少，笞五十、杖一百、徒一年、徒三年、斩监候、斩立决等，规定得很详细，法官没有什么自由裁量余地。因为那时的社会是封闭的社会，人们交往不多，犯罪行为大都比较固定，农业社会的犯罪（种类或型态）基本上就那么几种。如刘邦建立汉朝的时候，三章之律可以治国。但在中国古代民商事审判中，裁决者的自由裁量权却是相当大的。现行法律为什么要赋予法官很多的自由裁量权呢？有很多原因，最重要的原因还是法律的局限性、社会的复杂性和变动性。这三性决定了必须赋予法官大量的自由裁量权。自由裁量权最大的优点就是有利于实现个案的公正。社会关系复杂，情况各不相同，如果一刀切，肯定难以实现个案的公正。要使公正最大化，就必须赋予法官一定的自由裁量权。但是，如果自由裁量权太大，就可能会带来另一种弊端，即法官滥用自由裁量权，有的法官就可能不按照法律的目的进行裁判，而按照自己的主观意志办关系案、人情案、金钱案。现在相当多的关系案、人情案、金钱案都是通过滥用自由裁量权来实现的，真正明显违反法律规定的裁判是极少数。所以，要做到法律效果与社会效果的统一，必须正确行使自由裁量权，防止自由裁量权的滥用。那么，怎样确保自由裁量权的正确行使呢？古今中外的经验告诉我们，主要有三种方法：限缩控制、规则控制和程序控制。

第一，限缩控制。即通过制定实施细则限制法官的选择权，缩小法官的选择空间，从而达到控制自由裁量权的目的。这种方法的实质是限制自由裁量权行使的空间，将自由裁量权非自由化。江苏省高院曾出台了一个量刑指导规则，有人赞成，也有人认为它限制了法官的自由裁量权。尽管这个规则的个别条款比较机械，带来了法律适用上的一些困难，但是大多数人还是赞成的。这个规则就是一种限缩性控制。限缩性控制的主要问题在于不可能穷尽一切情况。在不能穷尽的情况下，限缩可能会导致出现一些个案不公正的情况。因此一方面要进行限缩，另一方面又要留有一定的余地，留有一定的自由裁量空间。这样才能够既限缩自由裁量权的使用，又留有一定的空间保证个案的公正。

第二，规则控制。所谓规则控制是指制定行使自由裁量权的规则，以防止自由裁量权的滥用。笔者认为，行使自由裁量权必须遵守以下七个基本规则：

一是合目的性规则。法律授予行政机关、行政执法人员和法官、司法机关自由裁量权都是有一定目的的，那么在行使自由裁量权时，必须符合法律授权的目的，而不能与法律所追求的目的相冲突，也不能和法律授权的目的相左。

二是正当考虑规则。法官在进行自由裁量时应当而且只能考虑法律所要求考虑的因素，而不能考虑法律没有要求或者法律明显反对考虑的因素以及法律排斥的因素。法律授予法官自由裁量权的一个基本目的是要求法官在进行裁判时，要根据个案的具体情况，来选择一个唯一正确的答案或结论。那么在做这种选择时，哪些是应当考虑的，哪些是不应当考虑的呢？比如量刑，法律规定应当考虑的因素包括行为的社会危害性、犯罪人的主观恶性、犯罪的情节以及犯罪的客观危害后果等。不能考虑的因素包括犯罪嫌疑人和法官的关系、犯罪嫌疑人对法官的态度、犯罪嫌疑人是否给法官以好处、犯罪嫌疑人是否为中共党员、犯罪嫌疑人是否为工人或农民、犯罪嫌疑人是否长相好看等，如果选择刑罚时考虑了这些因素，就等于考虑了法律所没有规定考虑或排斥考虑的因素，这就是自由裁量权的滥用。

三是平等规则。法官在行使自由裁量权时必须要严格遵守平等原则。所谓平等是指同等情况同等对待，不同情况区别处理。这是平等原则的精髓。对于相同的情况，不能以自由裁量为由厚此薄彼，否则就违背了平等对待的原则。尤其要注意的是，在审判程序中涉及到一些程序性权利时，更要贯穿平等原则。有的案件社会效果不好往往是在程序中没有遵守平等原则，使当事人感觉歧视了一方而偏袒了另一方。平等包括尊严的平等（这是人们经常忽视的）、价值的平等、权利的平等、机会的平等、责任的平等（同样的违法行为应当承担相应的法律责任）等。可见，平等的内涵很丰富，法官在诉讼中只知道权利平等是不够的。例如机会的平等，在开庭中需要特别注意。有的法官给当事人一方陈述的时间很充足，而另一方一开口就被打断，使当事人感到非常气愤。一些裁判的结果是公正的，而当事人不服就是因为在审判过程中法官的行为有偏袒、有歧视，使当事人感觉到不平等。当然，机会平等并不意味着对双方当事人都给予相同的陈述时间，这也不是真正的机会平等。真正的机会平等是指当事人在不重复的情况下，就与案件有关的主要事实和基本观点进行充分的阐述。有的法官开庭为了表现公正和平等，给原告和被告一样的时间发言，实际上原告和被告有的道理多，有的道理少，道理少的理屈词穷，没有什么可讲，而道理多的却滔滔不绝，时间不够，这样做只是形式上的平等而不是事实上的平等。

　　四是比例规则。比例规则是限制自由裁量权的一个非常重要的规则，有人甚至把比例规则上升为宪法原则的地位，它在成熟的法治国家中是非常受重视的。比例规则包括三个子规则：第一是适应性规则或称妥当性规则。即无论是司法机关和法官，还是执法机关和执法人员，所采取的措施必须与所追求的目的相适应。也可以把它诠释为手段和目的一致性原则，即所采取的手段必须有助于达成法律所追求的目的。第二是必要性原则。即如果为了实现一个目的，存在着多种可供选择的途径或者手段，那么所采取的措施、手段、途径必须是对当事人的权利损害最小且必要的，在特定的案件中没有比这更好的手段。比如针对当事人不执行判决的行为有很多处理方式，包括说服教育、罚款、强制执行、追究刑事责任等等。如果几种方式都能达到目的的话，那么只能选择对当事人损害最轻的那种方式。能说服教育的首先要说服教育，这是最轻的手段；说服教育不能实现目的才能采取强制手段，且强制首先只能对物；如果对物的强制还不足以解决问题，那才能对人采取强制措施。这是一个选择强度逐渐加大的过程。对于必要性原则，西方学者经常举这样的例子：有一个小孩爬到别人的树上去偷吃果实，那么是应该把他抱下来呢，还是劝他下来，还是用东西引诱他下来，或者是一枪把他打下来？显然不能一枪把他打下来，那是危害最大的。应该选择危害最轻、成本最低、损害最小的手段，这就是必要性原则。在采取强制执行措施或保全措拖时，必要性原则非常重要，不认真把握的话社会效果和法律效果都不会好。第三是均衡性原则。即强调手段和目的之间的均衡性，不能"用一个西瓜来换一粒芝麻"。比如为了5元钱的利益，所采取的措施的成本需要 500 元或 5000 元，那就值得考虑。目的和手段不均衡便违反了比例规则。量刑亦然，犯罪行为很轻，而处罚却很重，明显不相适应，那也违反了比例原则。立法机关在配刑时也要注意平衡，遵循比例规则。中国古代的唐律之所以被后人称为"持古今之平"，那是因为唐律的每一个条款，每一个罪名，罪与罪之间都具有可比性，手段和目的之间的均衡性保持得很好，后来的明律、清律都没达到这种水平。即使是现在的刑法里面也有许多不平衡的地方。在过去的司法实践中，比例原则往往不太被注意。有的法官认为自己拥有自由裁量权，只要没有超越法律的范围，就是正确的，这种认识是肤浅的。自由裁量权行使得明显不合理，就是滥用职权或滥用裁判权。司法的既判力要维护，但是明显滥用自由裁量权的裁判必须纠正，如果维护滥用自由裁量权的裁判，就会伤害司法判决的严肃性。

五是连续性规则或称稳定性规则。在英美法系国家有个很重要的原则叫先例原则。而先例原则的前提是判例制度，英美法系强调一个判决作出以后即对后面案情相同或相似的判决具有羁束力，除非有新的情况出现，才能作出另外的判决。律师在很大程度上不是搜集法律的规定，而是搜索前面的判例；法官也要考虑过去对这些情况是如何处理的，没有特殊理由不能改变这些先例，这叫先例拘束力。大陆法系国家也不是不遵循先例，它的先例原则是以法的稳定性和连续性来表述的。如果一个法官对同一类案件今天这样判，明天那样判，那就无法给公众一个确定的指引，从而使公众"无所措手足"，法的可预见性就会丧失，所以一定要遵守这一规则。目前，对于相同的案件，有的法官是这样判的，有的法官是那样判的，使当事人无所适从。即使有些具体情况不一样，但不一样在哪里？是不是本质的区别？这个区别是不是足以导致作出另外一种判决？法官必须进行充分考量。

六是公序良俗规则。法官在行使自由裁量权时必须遵守公序良俗，不是不得已，不是必须要保护更具有价值的东西，不能与公序良俗相冲突。比如有的当事人为抗拒执行，指使几个妇女"挡驾"，如果不明就里，派男性法警去排除妨碍，就有可能被人诬告侮辱妇女。如果有这方面的经验，由女性法警来解决，就可以避免这种情况。

七是正常理智规则。为了判断自由裁量权是否正确行使，许多国家的法学家总结出这样一个规则：所作的判决要让所有具有正常理智的人认为是正当的。即裁判结果是否正当要用"理智人"的标准来判断，如果该裁判不符合理智和常识，不是一个具有正常理智的人所作出的行为，那就是滥用自由裁量权。因此判决必须要符合一般的理智和常识。

第三，程序控制。所谓程序控制是指通过司法程序来确保自由裁量权的正确行使。比如合议制度就是程序控制中的一个重要制度，是保证自由裁量权正确行使的一种方式。合议制是由三人以上单数共同对案件作出判断，实行少数服从多数。俗话说"三个臭皮匠，胜过一个诸葛亮"，集体智慧虽然未必胜过一人之智慧，但至少更民主。再如说明理由制度等等。通过诸多的程序规定，使法官的自由裁量权受到监督和限制，防止自由裁量权滥用和异化。

（五）正确地进行价值判断和利益衡量

很多裁判的法律效果和社会效果不好，是因为没有正确进行价值判断和利益衡量。价值判断和利益衡量是相关联而又有区别的两个概念，是不同层面的问题。任何价值都最终表现为一种利益，利益是价值的外化或直观的表现形式。价值判断和利益衡量是现代司法审判中一个很重要的方法，也是判断法官是否具有高水平司法能力的试金石。在司法审判中经常会发生利益冲突、价值冲突和权利冲突。任何法律纠纷在本质上都表现为一种利益冲突、价值冲突或者权利冲突。在面对这些冲突的时候，如何进行价值判断和利益衡量？

第一，要通过宪法和法律的解释来避免或者减缓价值冲突和利益冲突。这需要一定的技巧甚至政治智慧，如2004年全国人大常委会通过对香港特别行政区基本法的合理解释，缓和了香港特别行政区基本法与宪法的紧张关系。

第二，要尽可能地统筹兼顾。统筹兼顾是尽可能使相互冲突的利益或价值在同一空间并存，或给相互冲突的社会利益以更多的空间。统筹兼顾不同权利和利益的方法主要有：一是必要时进行公平限制。如果利益空间很小，那就只能对双方的利益或权利进行公平地限制，通过相互让步来做到统筹兼顾。二是选择折衷方案，通过其他途径的补偿均衡双方当事人的利益。这种方法不是让步，而是采取另外的方式来进行补偿，即"堤内损失堤外补"。在行政审判中经常会出现这种情形，即行政机关通过其他途径给相对人适当补偿，促使原告撤诉。尽管具体行政行为有些瑕疵，但通过补偿的方式，使两种权利（权力）实现了共存。

第三，要善于提出替代性方案。为了尊重社会各方的利益，要善于进行调和，要善于在矛盾冲突之外寻求其他的一些补偿办法或者权利保护办法。

第四，要"两害相权取其轻，两利相衡取其重"。如具两种价值或利益确实不能相融，就只能"两害相权取其轻，两利相衡取其重"。

第五，要坚持重要的社会利益、权利和价值优于次要的社会利益、权利和价值。当权利发生冲突时，宜按照以下位阶顺序处理：生命权、人格尊严权、生存权、自由权、平等权、其他经济性的权利，且精神性的权利优于经济性的权利，政治权利优于社会权利和其他权利。

在进行利益衡量时，对那些危险最小或相对小的、偶然的和不确定的权利的保护要次于其他更为重要的权利。如果保护一种利益不至于损害另外的利益，那么当然要保护；如果保护一种利益会侵害另外一种更大的利益，那就不能再保护它。在证据采用上，也有一个价值判断的问题。当事人逾期提供的证据材料要不要接受？接受这个证据材料，就违反了司法解释有关举证期限的规定，伤害了合法性这个价值；而不接受这个证据材料，认定事实的根据就少了，不利于真实性的发现。合法性与真实性之间哪个更为重要？表面上不好处理，但事实上是一个价值选择的问题，在追求合法性与追求真实性之间，显然要首选真实性。对此，可以采取两全的方法：如确实是由于一方当事人迟延提供证据给对方当事人造成损失，可以给予对方补偿，但证据仍然可以接纳，因为真实性这个价值更大。

第六，要尊重社会的伦理道德及公众舆论。

（六）正确地处理司法的被动性与能动性的关系

在处理法律效果与社会效果的关系时，必须考虑一对范畴——司法的消极性与被动性。要取得好的社会效果，必须正确理解司法的消极性和被动性，且必须处理好以下几对关系：

第一，要处理好本职工作与服务大局的关系。善谋者谋全局，不善谋者谋一域。法律有其社会功能，实现法的社会功能必须考虑大局与局部的关系问题，不能为了所谓的大局牺牲法律自身的价值，但不考虑国情、社情、历史条件、社会环境而机械地适用法律是形而上学的司法观。

第二，要处理好中立性和救助弱势群体的关系。中立性是司法的核心理念，没有中立就没有公正。中立的目的是为了给当事人提供一个公正的平台，使案件有一个公正的裁判。而弱势群体由于其群体特殊性，必须通过合法且恰当的方式给予一定的救助，使其案件得到公正的审理。最主要的方式是在不影响中立的情况下通过行使释明权实现对弱势群体的救助。目前有的法官由于关系、人情、金钱和其他因素的影响，不正当地私下给当事人出主意、当参谋，甚至在诉讼中表面中立，实为偏袒，既丧失了司法的中立立场，也损害了司法的严肃性和公正性。

第三，要正确处理当事人主义和职权主义的关系。法官应当为当事人搭建好平台，提供平等的机会，充分调动当事人的积极性，让其互相进行诉讼攻击和防御，利用自己的力量实现主张。但法官也不是完全消极的，否则会降低诉讼效率，而且当事人由于文化素质、法律知识、经济能力存在差别，在庭审中并非势均力敌甚至相差十分悬殊。在此种情况下，法官要行使职权，使双方当事人真正处于对等状态。但此种职权的行使又不能让一方当事人感到法官是在偏袒另一方当事人，从而对审判的中立性和公正性产生合理的怀疑。要处理好职权主义和当事人主义的关系，需要许多具体制度来加以规范。比如我国尚无反对和异议规则，开庭时法官主动干预较多。应当只有在一方当事人发言离题万里，胡说八道，甚至进行人格攻击，对方提出反对抗议时，才由法官进行裁决反对是否有效。那种完全由法官来主动进行制止的方式容易造成法官和一方当事人之间的冲突，影响裁判的公信度。

（七）要有娴熟的审判技术

审判是一门艺术，技术性很强。现在有很多程序性规定和证据规则，但从某种意义上说，复杂的规则造就了低能的法官。某些法官一审理案件就要进行各种鉴定。很多案件需要我们运用智慧和技术，比如调解。调解是我们追求法律效果与社会效果统一的一种技术和方式，而调解又有很多的方式方法，需要因案施策。

（八）尽可能地降低诉讼成本

目前诉讼成本太高，除了显性成本，还有隐性成本，致使老百姓打不起官司。有的人为几百块钱标的的官司，可能花费几千甚至几万块钱的诉讼成本，这种审判很难有社会效果可言，甚至可以说法律效果和社会效果都没有。成本问题既包括金钱成本，也包括时间成本、机会成本，所以，降低诉讼成本的重要方式之一是提高审判效率和效益。

图书在版编目（CIP）数据

辩证司法观及其应用／江必新著. —北京：中国法制出版社，2014.3
（十八大与法治国家建设）
ISBN 978 – 7 – 5093 – 5292 – 2

Ⅰ. ①辩…　Ⅱ. ①江…　Ⅲ. ①法官－工作－研究－中国　Ⅳ. ①D926.17

中国版本图书馆 CIP 数据核字（2014）第 057114 号

策划编辑　马　颖　　　　　　　责任编辑　李连宇　　　　　　封面设计　李　宁

辩证司法观及其应用
BIANZHENG SIFAGUAN JIQI YINGYONG

著者／江必新
经销／新华书店
印刷／三河市紫恒印装有限公司
开本／710×1000 毫米　16　　　　　　　　　印张／14.25　字数／208 千
版次／2014 年 6 月第 1 版　　　　　　　　　2014 年 6 月第 1 次印刷

中国法制出版社出版
书号 ISBN 978 – 7 – 5093 – 5292 – 2　　　　　　　定价：47.00 元

　　　　　　　　　　　　　　　　　　　　值班电话：010 – 66026508
北京西单横二条 2 号　邮政编码 100031　　　传真：010 – 66031119
网址：http：//www. zgfzs. com　　　　　　编辑部电话：010 – 66026587
市场营销部电话：010 – 66033393　　　　　邮购部电话：010 – 66033288
（如有印装质量问题，请与本社编务印务管理部联系调换。电话：010 – 66032926）